KB269750

자금, 인생을
라이팅하라

JINSEI WA 1 SATSU NO NOTE NI MATOMENASAI
by Nobuyuki Okuno
Copyright © 2010 Nobuyuki Okuno
Korean translation copyright © 2011 by BOOKSMANIA
All rights reserved.
Original Japanese language edition published by Diamond, Inc.
Korean translation rights arranged with Diamond, Inc.
through EntersKorea Co., Ltd

이 책의 한국어판 저작권은 (주)엔터스코리아를 통한
일본의 Diamond, Inc.와의 독점 계약으로 북스마니아가 소유합니다.
신 저작권법에 의하여 한국 내에서 보호를 받는 저작물이므로 무단전재와 무단복제를 금합니다.

지금 인생을 라이팅하라

쓰고, 붙이고, 읽는 것만으로도 인생의 고민을 싹 날리는 3단계 라이프 로그 노트법!

무심코 지나가는 하루하루를 '확고한 체험'으로 만드는 것. 이것이 바로 라이프 로그를 기록하는 의미다. 이러한 라이프 로그를 기록하는 도구인 노트에 쓰고, 붙이고, 다시 읽는 것만으로도 자신의 인생 전부를 성장시키는 발판이 된다. 매일 노트를 즐겁게 기록만 해도 습관이 바뀌고 행동이 달라진다.

BOOK's
마니아

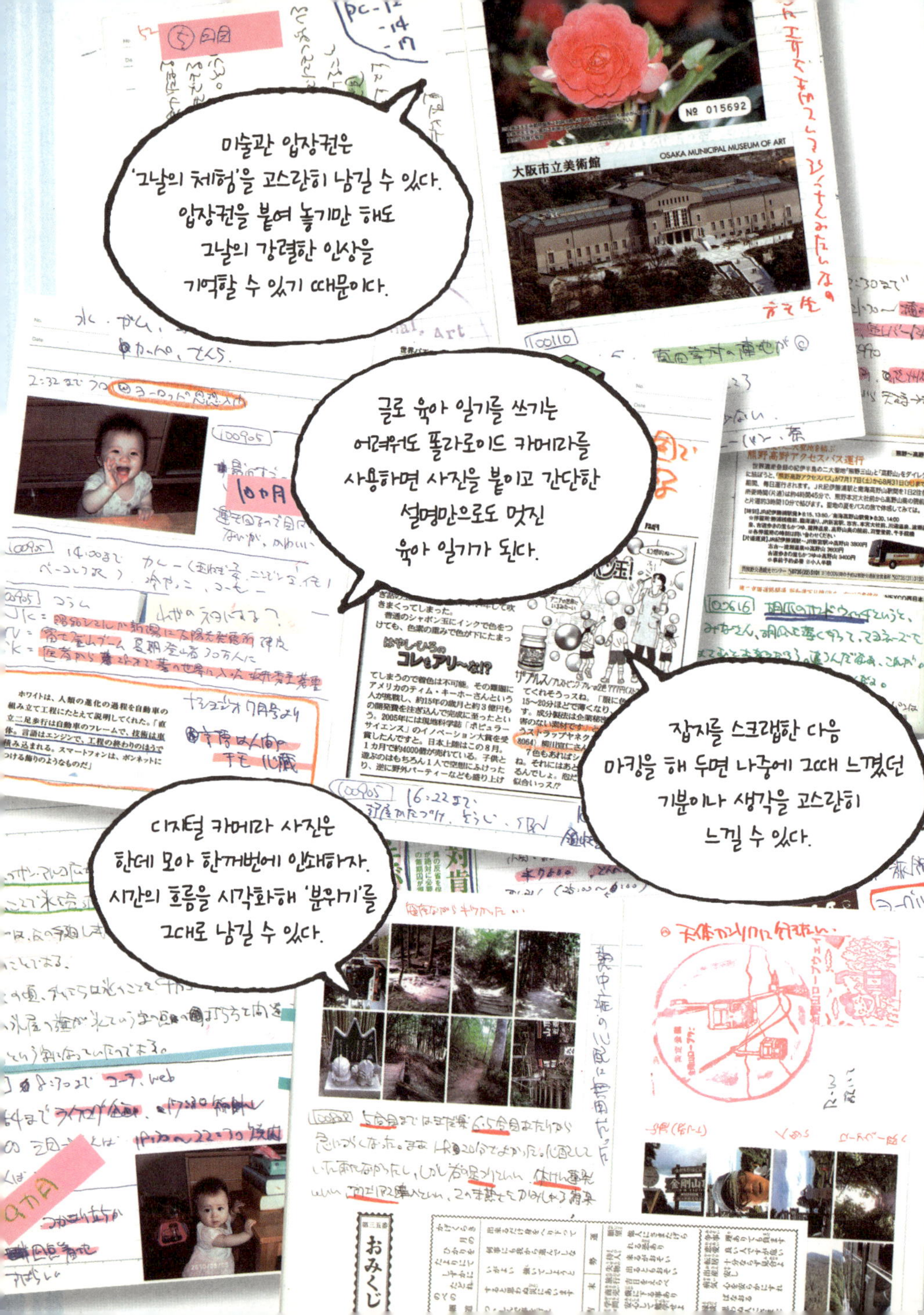

미술관 입장권은
'그날의 체험'을 고스란히 남길 수 있다.
입장권을 붙여 놓기만 해도
그날의 강렬한 인상을
기억할 수 있기 때문이다.
글로 육아 일기를 쓰기는
어려워도 폴라로이드 카메라를
사용하면 사진을 붙이고 간단한
설명만으로도 멋진
육아 일기가 된다.
잡지를 스크랩한 다음
마킹을 해 두면 나중에 그때 느꼈던
기분이나 생각을 고스란히
느낄 수 있다.
디지털 카메라 사진은
한데 모아 한꺼번에 인쇄하자.
시간의 흐름을 시각화해 '분위기'를
그대로 남길 수 있다.

노트는 '인생의 타임라인'.
자신을 완성하는 도구로 삼자.
물건을 샀다는 기록으로
패키지를 오려서 노트에 붙이는 것도
좋은 방법이다.
안내 카탈로그를 붙이고
코멘트를 달면 나중에
잡지를 보듯이 즐겁게
읽을 수 있다.
레스토랑에서 맛있었던
음식을 먹었다면
숍카드와 메모를 함께 남긴다.
그야말로 리얼한 체험기가 된다.

여행이나 출장 기록에는 기념 스탬프를 찍자. 기억의 열쇠가 되어 준다.
3개월 뒤에도 알 수 있도록 행동 기록에 동기와 이유를 함께 적어 놓으면 내가 잘하고 있는지 어떤지 알 수 있다.
세계에 단 한 권밖에 없는 '나의 비망록'. 그것은 과거의 자신과의 대화.

벙주별로 나누지 말고 시간의 흐름에 따라 기록하고 붙여 나간다.
책의 띠지를 노트에 붙여 놓자. 몇 년 치가 쌓이면 소중한 '독서 기록'이 된다.
라벨은 맛있는 술을 마신 체험의 상징이다. 즐거웠던 일에 대한 기록은 기분을 고양시키는 재료가 된다.

다시 읽을 때는 고유 명사나 자신의 생각을 중심으로 형광펜으로 마킹한다. 체험에서 더 많은 것을 배울 수 있다.
노트 형식은 '무제한'이다. 자신에게 맞는 형식이 없다면 직접 만드는 것도 좋은 방법이다.
노트 표지에 전단지나 잡지 사진을 오려 붙여 '인생 여행'의 기념 스티커로 삼자.

마스킹 테이프를 이용하면 언제라도 노트를 취향에 맞게 바꿀 수 있다.
포스트잇으로 시간의 '색인표'를 만들면 사전처럼 빠르게 넘겨 볼 수 있다.
라이프 로그 노트 묶음은 '자신의 역사'! 과거가 '두께'로 시각화되면 무심코 지나가는 하루하루를 '확고한 체험'으로 만들 수 있다.
노트를 '자신의 분신'으로 만든다. 노트를 어떻게 사용하고 꾸밀지 '궁리'하면 다시 읽고 싶어지며 오래 계속할 수 있다.

part four

무엇을 노트에 남길까?

part five

어떻게 다시 읽고 활용할까?

part zero

라이프 로그 노트로 나만의 '자산' 만들기

무심코 지나가는 하루하루를 '확고한 체험'으로 만드는 것. 이것이 바로 라이프 로그를 기록하는 의미다. 이러한 라이프 로그를 기록하는 도구인 노트에 쓰고, 붙이고, 다시 읽는 것만으로도 자신의 인생 전부를 성장시키는 발판이 된다. 매일 노트를 즐겁게 기록만 해도 습관이 바뀌고 행동이 달라진다.

라이프 로그란 '인생을 있는 그대로 기록하는 것'

이 책의 주제는 '라이프 로그'다.

이 말이 낯선 사람도 많을 것 같으니 간단하게 설명하고 넘어가도록 하겠다.

'라이프 로그Life log'란 말 그대로,

'인생이나 일상(라이프)의 기록(로그)'이라는 의미다.

뱃사람이 쓰는 '항해 일지'처럼 자신의 주변에서 일어난 일이나 보고 들은 것을 최대한 있는 그대로 기록해 놓은 것이다.

이 말은 마이크로소프트 연구소의 고든 벨Gordon Bell이 저서 《Total Recall》에서 언급한 것을 계기로 IT와 디지털 도구에 관심이 있는 사람들 사이에서 자주 사용되고 있다.

예를 들면,

· 매일 식탁의 사진을 디지털 카메라로 찍는다

· 자신이 간 장소나 경로를 전부 인터넷 지도 서비스에 기록해 놓는다

· 읽은 책이나 시청한 DVD를 전부 목록으로 만들고 감상을 남긴다

이런 것도 '라이프 로그'다.

고든 벨은 스마트폰이나 모바일 PC, GPS, 스캐너 등을 사용해 본 것과 읽은 것, 만난 사람, 작성한 서류, 추억의 물건 등 온갖 것들을 디지털 데이터화해 대용량 하드디스크에 보존했다.

그래서인지 사람들은 일반적으로 라이프 로그라고 하면 스마트폰이나 고성능 스캐너 같은 디지털 도구를 사용해 기록하는 것이라고 생각한다. 그러나 이 책에서는 '인생의 기록'이라는 본래의 의미로 '라이프 로그'라는 말을 사용한다.

고든 벨과 같이 모든 것을 디지털 데이터화하는 것이 아니라 지극히 평범한 종이 노트를 매일 가지고 다니며 자신의 인생을 그 속에 채워 넣기 위한 '라이프 로그 노트'의 사용법과 장점에 대해 지금부터 이야기하려 한다.

아이폰이나 GPS 디지털 카메라 같은 디지털 도구를 가지고 있든 가지고 있지 않든, 인터넷에 해박하든 아니든 상관없이 누구나 손쉽게 실천할 수 있는 라이프 로그 기록법이다.

최근에는 비슷한 개념으로 '유비쿼터스 캡처Ubiquitous Capture'라는 말이 있다. 이것 역시 인생에서 일어난 모든 사건을 기록한다는 의미인데, 내가 말하는 '라이프 로그'도 이와 같다.

다만 유비쿼터스 캡처는 아직 일반적인 용어가 아니며 나 자신도 평소에 사용하지 않기 때문에 이 책에서는 '라이프 로그'라는 말을 사용할 생각이다.

'분위기'를 남기기에는 아날로그가 더 좋다

그런데 왜 디지털 전성시대에 아날로그적인 방법을 사용하려고 하는가?

아이폰이나 아이패드가 폭발적으로 팔리고 있으며 서적도 점점 전자책으로 바뀌어 간다고 난리인 지금, "아날로그가 좋다."라고 말하면 '이 친구 좀 구닥다리네'라고 생각할지 모른다.

미리 말해 두자면, 나는 디지털을 부정하지 않는다.

나 또한 외출을 할 때는 대부분 노트북 컴퓨터를 들고 다니며, 블로그와 트위터도 사용하고 클라우드 서비스도 최대한 활용하는 디지털 애호가다. 배터리나 통신 상태 등의 문제는 있지만 그래도 디지털 도구가 편리하다는 것은 틀림없는 사실이라고 생각한다. 그럼에도 나는 "라이프 로그를 기록하기에는 종이 노트가 더 좋다."라고 단언한다. 이유는 하나다.

"분위기'를 남길 수 있기 때문이다."

분위기. 달리 말하면 '현장감' 또는 '감각'을 남기기에는 디지털보다 종이가 더 낫다. 또한 그런 문장이나 사진으로 꾸민

힘든 정보, 즉 '분위기'야말로 라이프 로그의 핵심이라고 생각하기 때문이다.

초조한 마음에 지저분한 글씨로 마구 휘갈겨 쓴 전화 메모, 빗방울로 얼룩진 지도, 편지지와 잉크의 감촉……. 이런 것을 디지털로 남기려면 너무나 번거롭다. 그러나 노트는 직접 손으로 쓰거나 종이 자료 또는 메모지를 그대로 붙여 놓기만 하면 끝이다.

디지털과 아날로그를 어느 한쪽만 고집하지 말고 상황에 맞춰 '적재적소'에 사용하는 것이 현명하지 않을까?

단순히 정보를 입력·보존하고, 가지고 다니고, 검색하고, 참고하려면 디지털 도구가 더 낫다. 실제로 아직도 종이로 만든 주소록이나 사전을 가지고 다니는 사람은 별로 없을 것이다.

그러나 '그 자리의 분위기', '그것을 체험했을 때의 생생한 감각'을 남기고자 할 때는 노트가 훨씬 간편하다.

필자의 라이프 로그 노트

무엇이든 쓰고 무엇이든 붙이며 만드는 '라이프 로그 노트'. 한 권 한 권마다 그 당시의 '분위기'가 담겨 있다.

과거를 지우지 않고 자신을 만들 수 있다

그러면 내가 말하는 '라이프 로그 노트'란 어떤 것인지 간단히 설명토록 하겠다.

구체적인 예를 들자면, 나는 다음과 같은 메모를 하루에 두 번에서 열 번 정도 같은 노트에 써서 남긴다.

[100629] 13:27까지
·점심 식사(주먹밥 세 개, 커피), 주간 신초(참의원 선거 특집), 다이아몬드사 '라이프 로그 기획' 원고 작성(서장용 약 2,000자). 트위터, 다케다 씨가 전화.
@신오사카→도쿄 '히카리 468호' 열차 안
☆자동판매기에서 잔돈 꺼내는 것을 잊어버려 충격. 원고는 진전이 있지만 완성도가 낮은 느낌. 마감을 지킬 수 있을지 조금 불안.

보다시피 다음과 같은 생략용 기호를 사용해 핵심을 짚으면서 아주 간단하게 적어 놓는다.

일시……날짜(여섯 자리 표기)와 시각(24시간 표기)

•표시……대상물·대상 인물의 고유 명사를 포함한 '행동'

@표시……장소

☆표시……자신이 느낀 점 등

반나절만 미뤄도 무엇을 했는지 기억이 잘 안 나고 메모할 내용도 길어지므로 식사나 이동 중, 상대방이 잠시 자리를 비웠을 때, 엘리베이터를 기다릴 때 같은 빈 시간을 이용해 조금씩 적도록 한다.

이 라이프 로그는 신칸센의 좌석에 앉아 있을 때 적었기 때문에 내용이 자세하지만, 바쁠 때는 좀 더 간단하게 '17:30까지, 메일 답장 5건, 강연회에서 만난 사람 등과 같은 식으로 적을 때도 있다. 너무 엄격하게 규칙을 정하면 오래 계속하지 못한다는 사실을 알고 있기 때문이다.

그런데 이런 메모를 노트에 적는 것, 그리고 그것을 몇 년 이상 계속하는 것에 어떤 의미가 있을까?

이에 대해 설명하기 전에 몇 가지 질문을 하도록 하겠다. 한번 대답해 보기 바란다.

"당신은 3년 전 이맘때 무슨 생각을 하며 살았습니까?"

"반년 전에 어떤 일을 하고 있었습니까?"

"사흘 전에 저녁 식사로 무엇을 먹었습니까?"

……자, 어떤가? 이런 걸 일일이 기억하고 있지는 않을 것이다.

과거의 수첩을 봐도 일정이나 연락처는 남아 있지만 '내가 무엇을 했는가?'에 대한 자세한 기록은 남아 있지 않을 것이다.

그러나 나는 2, 3년 전 정도의 과거라면 2~3분만 노트를 들춰 봐도 최근의 일처럼 자세히 이야기할 수 있다.

이와 같이 무심코 지나가는 하루하루를 '확고한 체험'으로 만드는 것. 이것이 바로 라이프 로그를 기록하는 의미다. 달리 말하면 시간과 함께 희미해져 가는 체험을 사라지지 않게 하고 더욱 확실하게 자신의 내부에 각인시킬 수 있다.

체험은 말할 필요도 없이 그 사람에게 가장 소중하다. 어떤 사람이든 과거의 체험을 쌓은 결과 '지금의 자신'이 있는 것이다. 갑자기 이 세상에 불쑥 나타난 사람은 한 명도 없다.

다만, 아무리 "체험은 소중하다."고 말해도 머릿속에 남길 수 있는 분량은 고작해야 몇 개월이 한계다. 불과 사흘 전에 먹은 저녁밥의 반찬이 기억나지 않는 것에서도 알 수 있듯이, 어지간히 강렬한 인상이 아닌 이상 기억은 시간의 저편으로 사라져 간다.

불쾌한 기억 등 잊지 않고는 견딜 수 없는 것도 종종 있다. 잊는 것 자체는 결코 나쁜 일이 아니다.

그러나 훗날의 인생에 활용할 수 있을 '귀중한 체험'도 함께 잊어버리는 것은 아까운 일이 아닐까? 기억에서 사라진 체험은 나중에 활용할 수 없다. 애초에 체험하지 못한 것과 아무런 차이도 없다.

사실 우리가 끊임없이 똑같은 실수를 반복하는 것도 과거의 체험을 제대로 살리지 못하기 때문인지 모른다.

그래서 라이프 로그를 시작하는 것이다.

설령 전부 기억해 두는 것은 무리라고 해도, 라이프 로그 노트에 기록하면 나중에 활용할 수 있는 체험의 망각 속도를 늦출 수 있다.

또한 라이프 로그 노트를 다시 읽고 메모를 '실마리'로 삼아 과거의 체험을 언제라도 생생하게 되살릴 수 있다. 그 결과 과거의 체험을 현재 또는 미래에 더욱 효율적으로 활용할 수 있다.

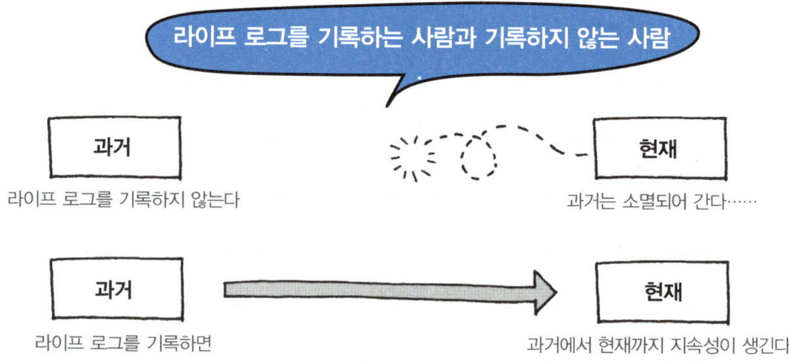

하루하루를 무심코 보내는 것, 즉 '체험의 방치', '체험의 누락'
은 구멍이 뚫린 지갑을 쓰는 것과 같다. 매일 100엔, 200엔 등
조금씩 돈이 새어 나간다. 구멍을 깁지 않으면 돈, 즉 피가 되고
살이 되는 체험을 더 많이 쌓아 둘 수 없게 된다.

'다시 읽기'를 습관으로 하면 효과가 몇 배로 커진다

과거의 체험을 계속 기억해 둘 수는 없으니 라이프 로그 노트에 기록한다.

단순히 손을 움직여 글씨를 쓰기만 해도 머리에 새겨 두는 효과가 있을 것이다.

그러나 그것만으로는 부족하다.

그렇다. **기록은 읽지 않으면 의미가 없다.**

행동을 기록할 뿐만 아니라 일상적으로 라이프 로그를 다시 읽어 보며 과거를 되새기면 단순히 글로 적어서 남겨 놓기만 하는 것보다 훨씬 기억에 남는다.

체험을 자산으로 여겨 좀 더 확실하게 머리에 저장해 둘 수 있다. 앞에서도 말했듯이, 아날로그의 장점 중 하나는 다시 읽었을 때 '분위기'를 느낄 수 있다는 점이다. 노트를 펼쳤을 때 당시 체험한 내용이 머릿속에서 생생하게 재현되는 것이다.

게다가 **시간이 지난 것이 플러스로 작용해서 더 많은 것을 발견할 경우도 있다.**

메모를 쓰거나 자료를 붙여서 행동을 기록하고 나중에 다시 읽어서 과거를 더욱 확고한 자신의 체험으로 만든다. 이렇게 하면 라이프 로그 노트의 효력은 몇 배로 커진다.

그런데 나는 지금까지 노트 정리법에 관한 책을 몇 권 썼는데, 많은 사람들에게 '도움이 되었다'는 말을 들었지만, 한편으로 '그다지 효과를 실감할 수 없었다'는 이야기도 들었다. 왜 노트에 기록을 했는데도 효과가 없었던 것일까?

나는 그 이유 중 하나가 '기록만 했기 때문'이라고 생각한다. 즉 '다시 읽기'로 체험을 확실하게 자신의 것으로 만들어 활용하지 못했기 때문이 아닐까?

이러한 것 때문에 이 책에서는 쓰고 붙이는 '입력'뿐만 아니라 '다시 읽기'를 어떻게 계속하느냐에 대해서도 지면을 할애하려 한다.

먼저 1장에서는 라이프 로그 노트의 장점과 기본적인 작성 방법을 이해한다.

2장에서는 자신의 분신이 될 노트를 정한다.

3장과 4장에서는 여러 가지 기법을 구사해 '나의 라이프 로그 노트'를 자신의 체험을 보존한, 읽는 재미가 있는 책으로 만들어 나간다.

그리고 5장에서는 '다시 읽기'의 효과와 그 구체적인 방법을 설명한다.

다시 한 번 말하지만, 텍스트 입력으로 일기를 쓰거나 디지털 카메라로 찍은 사진을 정리할 뿐이라면 블로그나 스마트폰으로도 가능할 것이다. 그러나,

- ·스트레스 없이 즐겁게 적고 물건이나 자료를 붙일 수 있다
- ·자신의 모든 것이 담겨 있기 때문에 조금이라도 시간이 나면 다시 읽고 싶어진다
- ·이 일련의 노트 만들기가 즐겁기 때문에 더 많이 기록하고 싶어진다

이런 선순환을 만들 수 있는 도구는 노트뿐이라고 생각한다. 쓰고, 붙이고, 다시 읽는다.

단지 이것만으로 업무와 사생활을 포함한 인생 전부를 '자신을 성장시키는 발판'으로 삼을 수 있는 것이다.

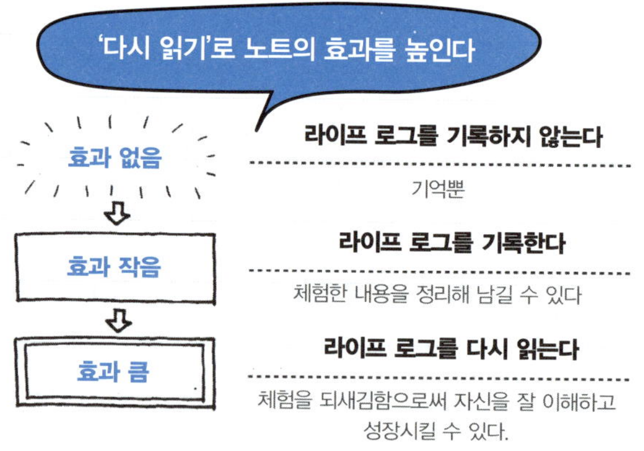

서두르지 말고 자신의 페이스를 지키며 나아가자

서론은 이 정도로 끝내도록 하자.

지금까지 말했듯이 이 책은 체험을 사라지지 않게 하고 평범하게 생활하면서 성장할 수 있도록 해 주는 '라이프 로그 노트'를 만드는 법을 소개하고 있는 책이다.

'성장'이라고 하면 거창하게 들릴지도 모르지만 너무 어렵게 생각하지 말기 바란다.

나는 업무나 집안일, 운동, 취미 등 분야가 무엇이든 간에,

'조금 나아진 기분이 든다.'

'조금이지만 앞으로 나아간 느낌이다.'

와 같은 '자기 인식'을 하는 것이 바로 성장이라고 생각한다.

사회인의 성장은 모의고사 점수나 내신 등급 같이 등급이 확실히 갈리는 입시 공부와는 다르다. 타인이 객관적으로 평가할 수는 없다.

그러므로 극단적으로 말하면 자신이 자신을 인정하는 수밖에 없다.

먼저 자신이 자신을 인정할 수 있게 되도록 노력하자.

그렇게 하다 보면 가족이나 친구, 직장 동료의 평가도 자연스럽게 뒤따라올 것이다.

이렇게 말하는 나도 딱히 특별한 것을 하지는 않지만 그 대신 일상의 사소한 일들을 조금씩 노트에 적어 왔다.

그리고 그것이 쌓여서 지금의 내가 되었다고 생각한다.

만약 노트에 기록하지 않고 막연히 살았다면 어떻게 되었을까?

항상 마음의 의지가 되어 주는 그 사람의 말도, 풀이 죽었을 때 떠올리는 그때의 고양되었던 기분도, 지금 하고 있는 일의 시작이 된 그때의 체험도 기억 저편으로 천천히 사라져 갔을 것이다. 생각하기도 두려운 일이다.

또 '라이프 로그 노트'는 '성장'뿐만 아니라 '계속하고 싶은 일을 계속하게 해 주는' 도우미나 '좀처럼 그만두기 힘든 일을 그만둘 수 있게 해 주는' 교정 기구의 역할도 한다.

주변의 도구를 활용해 인생을 있는 그대로 기록한다

라이프 로그 노트를 시작하는 데 특별한 도구는 필요 없다. 필요한 것은 어디에서나 구할 수 있는 문방구와 창의적인 아이디어다.

매일 라이프 로그를 즐겁게 기록하기만 해도 습관이 바뀌고 행동도 달라진다.

먼저 시험 삼아 일주일 정도 시도해 보기 바란다.

몇 시까지 무엇을 했는지 전부 기록하지 못해도 상관없다.

신경 쓰지 말고 느긋한 마음으로 라이프 로그를 계속 기록해 나가다 보면 점점 자신만의, 자신의 성격에 맞는 방법을 찾을 수 있다.

그러면 지금부터 인생을 노트에 남기는 생활을 함께 시작해 보도록 하자.

part one

행동을 기록만 해도 의외의 효과를 거둔다

행동 기록을 거듭 쌓아 나가며 라이프 로그 노트의 권수를 불려 나가는 것은
아주 쉬운 '내가 살아 온 실적'이며, 이는 곧 자신감으로 직결된다. 이렇듯 라
이프 로그 노트를 잘 활용하면 자신에게 용기를 불어넣어 주며, 자신을 비하
하고 우울해하는 일도 없어질 것이다.

'노트 한 권에 정리'할 때의 세 가지 규칙

지금부터 이 책에서 소개할 방법은 '라이프 로그'의 이점과 노하우의 기본이기도 하다.

라이프 로그 노트의 사용법을 설명하기 전에 먼저 간단하게 다음 세 가지 규칙을 명심하도록 하자.

규칙① 일원화

노트를 분야별로 따로따로 준비하거나 범주별로 분류하지 말고 항상 딱 한 권만을 사용하도록 한다. 의사록과 전화 메모, 영화 감상, 아이디어를 모두 한 권에 적으며, 메모지나 자료는 노트에 풀로 붙여 놓는다.

그리고 노트를 끝까지 다 썼으면 새로운 노트로 계속 '세대교체'를 진행한다.

이렇게 하면 메모를 잃어버리거나 어디에 써 놓았는지 기억하지 못하고 헤맬 일이 없다. 여러분이 찾고 있는 메모는 반드시 노트

속 어딘가에 존재한다. 또 항상 같은 노트를 사용하게 되므로 회의용 노트를 깜빡 잊고 회의에 들어가는 등의 실수도 방지할 수 있다.

규칙② 시간순

노트를 사용할 때는 장르별로 페이지를 나누지 말고 반드시 앞에서부터 순서대로 써 나간다.

그러면 '영화 티켓이 붙어 있는 감상 메모'의 바로 뒤에 '약속 메모', 그 다음에는 '오려낸 신문 기사' 같이 다양한 정보가 이어지는데, 이것을 굳이 다시 정리하지는 않는다. '날짜'와 '구분선'만을 넣어서 사용하도록 한다.

이렇게 하면 정보를 어떤 페이지에 써야 할지, 어떻게 정리할지 등을 고민할 필요가 없어진다. 특별히 의식하지 않아도 자연스럽게 정보를 전후 관계와 함께 남기게 되므로 기억에 잘 남으며 메모나 정보를 찾기도 쉬워진다.

규칙③ 색인화(索引化)

반드시 해야 하는 것은 아니지만, 나는 노트에 쓴(붙인) 정보의

'제목'과 '위치 정보(노트의 일련번호와 날짜)'만을 컴퓨터에 입력해 색인 데이터베이스를 만들었다. 아직 노트의 권수가 적을 때는 표지 디자인으로 구별하거나, 혹은 페이지에 번호를 매겨서 기록 내용과 페이지 번호를 처음이나 마지막 페이지에 색인으로 정리하는 등 여러 가지 방법이 있을 것이다.

그러나 점점 쌓여 가는 노트에서 원하는 페이지를 금방 찾아내려면 디지털 색인 데이터베이스를 만드는 것이 가장 강력한 방법이다. 그러면 무엇보다도 검색을 순식간에 할 수 있다.

내가 사용하는 방법을 소개하겠다. 예를 들어 39권째 노트의 2009년 7월 10일 페이지에 홋카이도 여행 기록이, 7월 13일 페이지에 오키나와 취재 기록이 있다면,

· 39/090710/여행/홋카이도

· 39/090713/취재/오키나와 현

이렇게 항목을 검색용 텍스트 혹은 엑셀 파일에 입력한다.

나중에 이와 관련한 내용을 찾고 싶을 때는 컴퓨터 등으로 검색해서 어떤 노트에 언제 썼느냐는 '정보의 주소'를 찾아내 실제 노트를 펼친다. 데이터베이스용 파일을 노트와 함께 항상 갱신해 나간다면 찾는 것은 간단하다.

이 방법을 사용하면 찾는 정보가 언제쯤 사용한 몇 권째 노트에 적혀 있는지 기억나지 않아도 파일 속의 문자열을 검색해 손

쉽게 찾아낼 수 있다. 노트가 몇백 권이 되더라도 원하는 메모가 어디에 있는지 금방 알 수 있다.

이 책에서 소개하는 '라이프 로그 노트'도 이 세 가지 규칙에 따라 노트를 사용하다 보니 자연스럽게 확립된 사용법이다.

이 규칙을 반드시 지키라고 말할 생각은 없다. 다만 오랜 시간 여러 가지 방법을 시험해 보며 고안해낸 것이니 꼭 참고로 삼았으면 한다.

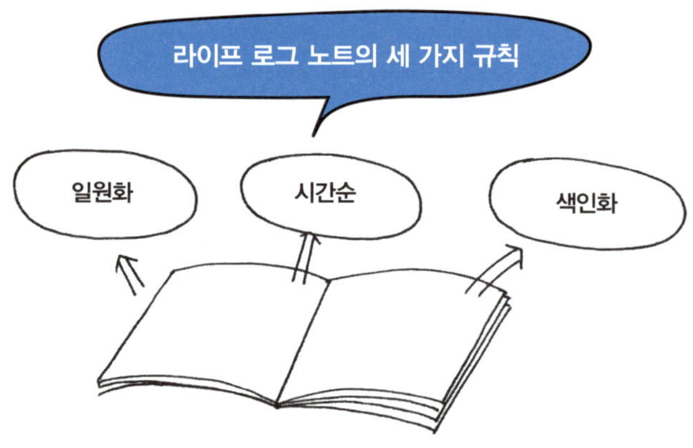

수첩보다 사용이 훨씬 간단하며 누구나 할 수 있다

라이프 로그 노트는 언제나 가지고 다니며 자신이 한 일, 본 것, 먹은 것 등의 '기록'을 남기기 위한 도구다.

그렇다면 역시 마찬가지로 항상 가지고 다니며 사용하는 수첩이나 다이어리와는 어떻게 다를까? 가장 큰 차이점은 '예정'이 아니라 '지나간 일'을 적는다는 것이다.

수첩은 기본적으로 회의나 방문, 이벤트 예정 같은 일정과 나중에 해야 하는 업무나 사야 할 물건을 잊지 않기 위한 메모 등 '미래의 일'을 적어 놓기 위한 도구다.

이와는 달리 '라이프 로그 노트'에는 지금 끝마친 행동, 지금 산 물건, 지금 읽은 책, 지금 들은 이야기 등 '과거의 일'을 적는다.

이 차이는 중요하다.

왜냐하면 '과거의 일'을 적지 않으면 노트를 '자신의 분신'으로 만들 수 없기 때문이다.

수첩에 적은 것은 '자신의 행동 자체'가 아니다. 일정 칸에 '6시

기상'이라고 썼다고 해도 8시까지 잠을 잘 때도 있으며, 상대방이 약속 시각을 착각해 다른 일을 할 때도 있다. 그러나 라이프 로그는, 만약 8시에 일어났다면,

'8시 기상. 아마 자명종을 무의식중에 꺼 버린 듯하다.'
라고 자신의 행동을 기준으로 기록하기 때문에 현실과 기록 사이에 괴리가 생기지 않는다.

물론 대체로 '일정대로 행동'하는 경우가 더 많을 것이다. 따라서 "당시의 다이어리를 보면 '내가 그때 무엇을 했는지' 대충 알 수 있어."라고 말하는 사람도 있을지 모른다.

그러나 예정표에 적혀 있는 것은 '17시부터 다이아사의 이치카와 씨와 미팅'과 같이 아주 간단한 내용에 불과하다.

'이치카와 씨와 무슨 이야기를 했는가?'

'미팅 중에 나는 어떤 생각을 했는가?'

'미팅 장소에 가기 위해 이동하는 도중에 전철 안에서 무슨 책을 읽었는가?'

이런 상세한 행동은 이끌어낼 수 없다.

기록의 열쇠가 되는 것은 상세한 내용이다. 예를 들어 데이트 기록이라면 그 열쇠는,

"7월 7일, 그녀와 백화점에 갔다."
가 아니라,

"장마가 길어져 오늘도 비, 유카타를 입은 그녀와 다이마루 백화점에 갔다. 오사카 역에 칠석 장식이 있어서 둘이 함께 소원을 종이에 적었는데, 그녀 몰래 '결혼할 수 있게 해 주세요'라고 적어서 걸었다."

같은 고유 명사와 자세한 장소, 상황의 정보인 것이다.

이와 같은 상세한 정보를 남겨 두는 것은 '앞으로 있을 일'을 적어 놓는 수첩으로는 무리다. '지금 있었던 일'을 기록하는 라이프 로그가 아니면 남길 수 없다.

라이프 로그는 '자신이 할 일'을 '적은 내용(예정)'에 맞추는 것이

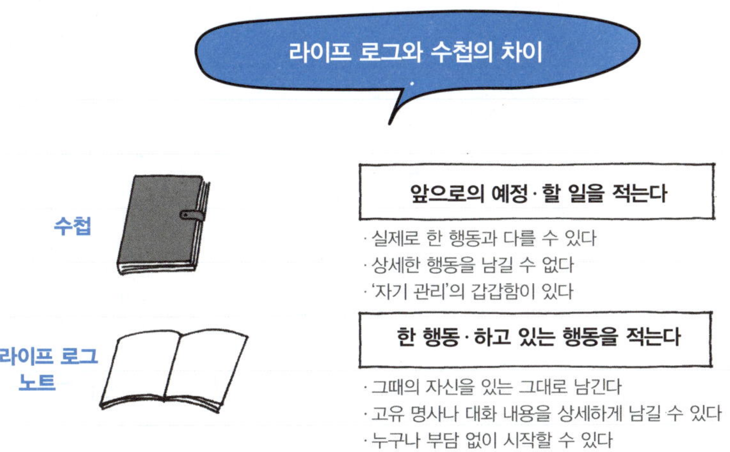

아니라, '자신이 한 일'에 '적는 내용'을 맞춘다.

그러므로 '목표를 적고 그것을 달성하기 위해 노력한다' 같은 이른바 '수첩 활용 기술'에 있을 법한 갑갑함은 없다.

수첩을 활용하는 자기 관리는 난이도가 높아서 할 수 있는 사람도 있지만 하지 못하는 사람도 있다. 일정 관리나 할 일To Do관리에는 기술도 필요하며, 일단 세운 계획을 지켜야 한다는 심리적 압박감도 크다.

이에 비해 라이프 로그는 기본적으로 '자신이 한 일을 그대로 적을 뿐'이다. 하루에 몇 차례 메모하는 수고만 아끼지 않는다면 누구나 할 수 있을 것이다.

일기보다 부담 없이 그날그날의 분위기를 남길 수 있다

수첩과의 차이는 '지나간 일을 적는다'는 것이다.

그렇다면 역시 그날 한 일과 감상을 적는 '일기'와는 어떻게 다를까?

'일기'의 방식은 너무나 다양하기 때문에 비교하기가 쉽지 않지만, 가장 큰 차이점을 들자면 라이프 로그 노트는 '즉시 기록'이라는 점이다.

일기는 대체로 집에 돌아와서 자기 전이나 일이 끝난 다음에 문장으로 적는 것이다. 블로그나 싸이월드 등의 SNS도 마찬가지다. 기본적으로는 집에서 책상 앞에 앉아 천천히 적는다.

이에 비해 라이프 로그 노트는 항상 가지고 다니며 그 자리에서 적는다.

미팅이 끝나면 상대와 헤어진 후에 즉시

'16:27까지, 다나카 씨와 도쿄 전시회 건으로 미팅'

이라고 메모한다. 이런 메모를 반복하며 하루의 행동 기록을 적어 나간다.

또 라이프 로그 노트는 자료나 물건을 붙여서 그 장소의 '라이브 감각'을 내는 데도 신경을 쓴다. 일기만큼 깊이 자기 성찰을 하고 문장을 적는 것이나 하루도 빼놓지 않고 계속하는 것에는 연연하지 않는다.

노트를 펼칠 새도 없을 만큼 바쁜 날이었다면 '종일, 회의' 같이 간단히 적는다.

반대로 나들이나 여행 등 즐거웠던 날에는 몇 페이지에 걸쳐 많은 기록을 남기고 자료를 붙일 수도 있다.

가지고 다니며 이동 중이나 휴식 등의 남는 시간을 이용해 조금씩 적어 나간다.

라이프 로그가 일기보다 훨씬 규칙이 유연하고 계속하기 쉬우

	일기	라이프 로그
언제 적는가?	집에서 자기 전에 적는다	남는 시간에 조금씩 적는다
무엇을 적는가?	자기 성찰적일 때가 많다	감정보다도 행동 기록을 중시한다
어떻게 적는가?	매일 일정량의 문장을 적는다	쓰거나 붙이는 등 규칙이 느슨하다 양도 융통성을 발휘할 수 있다

시작하기 위한 장애물이 높다 **누구나 계속할 수 있다**

며, 게다가 즉시 기록하는 것이기에 '그 장소의 분위기'를 남기기도 더 좋은 것이다.

여기까지 읽고 눈치를 챈 사람도 많을 텐데, '라이프 로그 노트에 행동을 기록해 나간다'는 것은 어떤 특별한 것을 하라는 말이 아니다.

'예정이 아니라 지나간 일을 기록한다'는 것은 일기 사용자들이 자주 하고 있다. 또 '지금 한 일'을 즉시 기록하는 것은 트위터에 '지금 무엇을 하고 있는지' 트윗하는 것과 비슷하다. 비슷한 행동을 하는 사람이 이미 많은 것이다. 그렇게 생각하면 라이프 로그 노트를 시작하기는 의외로 어렵지 않을 것이다.

별 것 아닌 메모가 '자신의 분신'이 된다

일주일만 계속하면 라이프 로그 노트에는 인생의 기록이 점점 쌓인다. 그중에는 고생하며 끝마친 업무도 있을 것이다.

업무를 진행하면서 '나중에 노트에 적어야지'라고 생각하기도 하고, 끝마친 업무와 용무가 노트에 점점 쌓여 나가는 것을 보면서 묘한 충실감을 느끼기도 한다.

그 느낌은 관객을 의식한 운동선수의 흥분과도 같으며, 격추한 적기의 수를 기체에 새기는 우수한 전투기 조종사의 그것과도 가까울지 모른다.

뭐, 비유는 이쯤 하고, '내가 잘하고 있는 모습'을 노트가 보여 준다는 느낌이 좋은 것이다.

또한 업무가 아니더라도 즐거웠던 이벤트나 회식의 기록은 다시 읽어 보기만 해도 기분을 띄워 준다.

노트에 있는 '그 장소에서 적은 기록'을 보면 당시의 '분위기'와 자신의 기분이 있는 그대로 남아 있다. 페이지를 펼치기만 해도 그 순간으로 돌아간 듯한 느낌이 드는 것이다.

이와 같이 기록을 함에 따라 단순한 노트가 여러분에게 유일무이한 존재로 바뀌어 간다. 한 달이 지나면 수첩이나 휴대폰보다 훨씬 애착을 느끼는 도구가 되어 있을 것이다.

그렇게 되면 노트에 무엇을 붙일지 생각하거나 이 체험을 어떻게 써야 할지 궁리하는 것이 더욱 즐거워진다.

예를 들어 여행을 갔을 때, 밤에 호텔에서 술을 마시면서 낮에 갔던 향토 박물관의 입장권을 붙이고 생각한 내용을 노트에 적어 나간다. 이런 것은 상상만 해도 재미있지 않은가!

그리고 이 '기록'을 몇 년 동안 계속하면 무슨 일이 일어날까?

노트 자체가 이제는 마치 자신의 분신처럼 생각된다. 글의 흔적뿐 아니라 사용하는 말에도, 읽은 책에도, 관심거리에도 그때의 자신이 투영되어 있기 때문이다. 말하자면 '과거의 자신'이라는 희미한 이미지가 노트에 구체화되어 있는 것이다.

이러한 이유에서 노트 묶음은 그 자체가 바로 '인생의 타임라인'이 된다.

최근에 '엔딩 노트'가 화제가 되고 있다. 만일의 사태에 대비해 가족에게 남기는 말이나 간병·치료법, 장례·매장 방법, 재산·보험 등의 정보와 간단한 자기 역사 등을 건강할 때 적어 놓는 노트이다.

젊은 사람은 아직 자신과는 상관이 없다고 생각할지 모르지만,

만약의 상황이 언제 찾아올지는 아무도 모른다. 그때가 되어서 갑자기 준비할 수는 없을 것이다.

그런 점에서 볼 때, 매일 기록을 계속해 온 라이프 로그 노트는 그대로 엔딩 노트도 될 수 있다. 자신의 인생을 되돌아보고 타임 라인에 적힌 중요한 기록을 사랑하는 사람들에게 전할 수 있다는 점은 라이프 로그의 진면목이기도 하다.

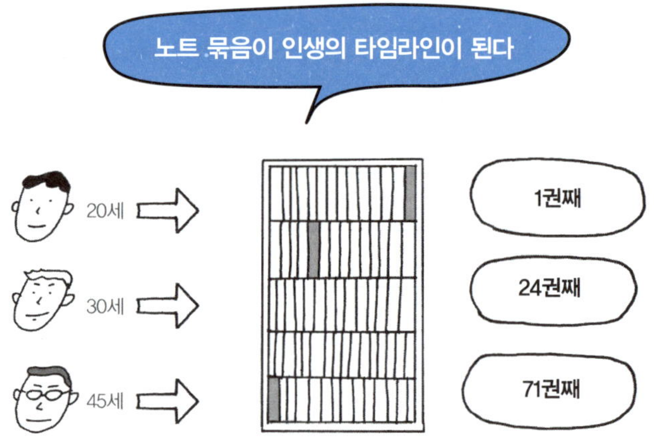

두껍게, 굵게, 노트와 함께 자신감이 자란다

자신의 과거가 '노트 묶음'으로 시각화되면 어떤 점이 좋을까?

한마디로 말하면 자신감이 생기고 안심할 수 있게 된다.

예를 들어 일을 끝마치고 '작업 완료!'라고 쓴다. 이런 사소한 것으로도 기분이 좋아진다는 점에서 커다란 효과가 있다.

업무는 해도 해도 또 생기게 마련이다. 이따금은 마치 밑 빠진 독에 물을 붓는 듯한 느낌에 허탈해질 때도 있다.

그럴 때 자신이 활동해 온 실적을 노트라는 '현물現物'로 확인할 수 있으면 안심이 된다.

'조금씩이지만 분명히 앞으로 나아가고 있어.'

'노트에 있는 과거의 나보다 지금의 내가 실적을 쌓았어.' 와 같은 생각이 드는 것이다. 자신의 실적을 '노트 묶음'이라는 물체를 통해 본 결과 자신을 인정할 수가 있게 된다.

기록하지 않으면 체험도 실적도 형태를 이루지 못한다. 기억은 점점 흐려지기 때문에 체험과 실적을 확실히 인식하고 자신을 인정할 수가 없다.

노트는 자신이 무엇을 이루었는지 알고 있다.

다른 사람과 비교하기보다 노트를 보고 과거의 자신과 비교하는 쪽이 만족감을 확실히 얻을 수가 있다. 노트의 권수, 두께같이 '눈에 보이는' 양적인 기록이 쌓여 간다. 이것은 긴 안목으로 보면 커다란 자신감으로 이어진다.

이렇게 말하는 나도 결코 낙천적인 편은 아니다.

책의 집필 등 커다란 일에 직면해 불안해질 때가 있다. 아니, 솔직히 자주 있는데, 그것이 점점 심해져서 신경 과민으로 밤에 잠을 이루지 못할 때도 가끔 있다. 그럴 때는 과거의 노트를 펼쳐본다.

노트에는 옛날에 고생해서 처리한 업무의 기록이 고스란히 남아 있다.

해야 할 일이 너무 많아서 정신없이 마구 휘갈겨 쓴 메모도 많다. 그런 기록을 보면 항상 이런 생각이 든다.

'지금 하고 있는 일도 나중에 보면 전혀 대단한 게 아닐 거야!'

'괜찮아. 장기적으로 보면 문제 될 일이 아니야. 괜히 겁먹고 잠도 못 이루다니 바보 같군.'

이렇게 과거에서 지금, 그리고 미래로 이어지는 기나긴 '타임라인' 위에, 바로 이 순간에 자신이 있음을 의식하면 더 넓은 시야에서 생각할 수 있게 된다.

달관이라고 할까, 아니면 태연하다고 해야 하나, 인생이라는 커다란 틀, 커다란 시간의 흐름에서 지금을 생각할 수 있게 된다.

자신이 자신에게 용기를 북돋아 준다고 하면, 그리고 결과적으로 기분이 좋아진다면 어떤 방법을 쓰든 무슨 상관인가?

타인의 실적이나 급료와 비교하며 질투하거나 끙끙대기보다 자신을 격려하며 기분 좋게 사는 편이 훨씬 낫다. 나는 그렇게 생각한다.

자신감의 근거가 있다   의지할 곳이 없다

'그만두고 싶은 행동'을 그만둘 수 있다

사람에게는 그것이 좋지 않다는 걸 알면서도 도저히 그만두지 못하는 행동이 있게 마련이다. 내 경우는 과식과 과음, 밤새우기, 나도 모르게 인터넷 서핑 삼매경에 빠지는 습관이 바로 여기에 해당한다.

'내일 일어나면 숙취가 심하겠지'라든가, '일이 쌓여서 골치 아파질 텐데'라고 생각하면서도 좀처럼 자신의 의지로 그만두지 못한다.

그러나 라이프 로그 노트에 기록하면 이와 같은 시간 낭비나 무익한 행동을 점점 줄일 수 있다.

나는 술을 좋아해서 예전에는 일주일에 하루 정도는 곤드레만드레가 되었고, 그 결과 다음날에는 숙취로 넋이 나가 버렸다. 그러나 지금은 그런 일이 전혀……는 아니지만, 한 달에 두 번 정도로 줄어들었다.

또 예전에는 아침부터 인터넷 서핑을 하다 정신을 차려 보면 한밤중인 경우도 다반사였지만, 노트를 자주 쓰게 된 뒤로는 아무리 열중해도 1시간 정도면 그만둘 수 있게 되었다.

여기에는 '**행동 기록**'이 큰 효과를 발휘했다.

> · 20:00~02:00 밤술. 맥주, 소주, 위스키, 말린 오징어, 컵라면. 만취해서 바닥에서 자다. 지금 8시 기상.
>
> ☆숙취가 심하다! 머릿속에 바둑돌이 채워져 있는 듯한 기분. 방안도 엉망.

이라고 다음날 아침에 행동 기록을 적으면 '난 왜 이렇게 한심할까?'라며 자신에게 진절머리가 난다.

이것은 일하고 있을 때도 마찬가지다. '15:20~17:00 다음 주 도쿄 출장 때 이용할 호텔을 인터넷에서 검색, 예약 완료'. 이와 같은 행동 기록을 노트에 적으면 '도대체 두 시간이나 걸려서 뭘 한 거지?'라는 생각에 자신이 한심해진다.

이런 체험을 몇 번 하면,

'행동 기록을 적을 때 그런 불쾌한 기분을 느끼고 싶지 않으니 오늘은 그만 마시자', '우와, 이대로 계속하면 '오늘은 계속 인터넷 서핑만 함'이라는 내용밖에 쓸 게 없을 거야'라고 생각하게 되어 행동에 제동이 걸린다.

그저 행동을 적기로 결정하고 실행하기만 해도 '지금 무엇을 하고 있는가?'를 항상 의식하게 된다. 그 결과 저절로 자기 관리가 시작되는 것이다.

이것은 오카다 도시오가 《언제까지 뚱보일 거라고 생각하지 마》에 쓴 '레코딩 다이어트'와 같은 원리다. 다이어트 중인 사람이라면 '23:15 된장 버터 라면 곱빼기!'라고 만면에 웃음을 띠며 노트에 적지는 못한다. 그렇다면 간식을 그만두거나 기록을 그만두거나 둘 중 하나를 선택하는 수밖에 없다. 그러므로 기록이 계속되는 한 간식은 줄어들 것이다.

이와 같이 먼저 행동과 기록은 깊이 연결되어 있음을 기억해 두기 바란다.

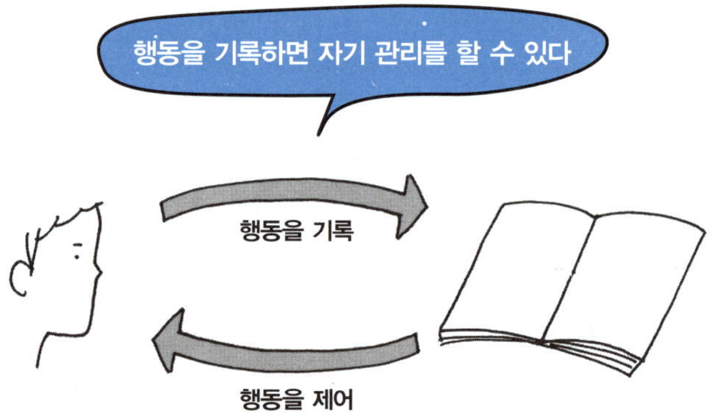

'계속하고 싶은 행동'을 계속할 수 있다

나는 캐치볼도 만족스럽게 하지 못할 만큼 운동 신경이 둔한 편이다.

공중에 떠 있는 공을 절대로 못 잡는 것은 아니지만 쉽지 않다.

운동이라고 하면 체육 수업이라든가 여러 가지 싫은 기억이 떠오르기 때문에 지금도 나는 몸을 움직이는 것을 그리 좋아하지 않는다. 나와 처지가 같은 사람은 이해할 것이다.

갑자기 이런 이야기를 하는 이유는, 그런 내가 라이프 로그 노트 덕분에 운동을 계속할 수 있게 되었다는 이야기를 하고 싶어서다.

학창 시절에 비하면 내 몸무게는 10킬로그램 정도 불어났다. 그 때문인지 왠지 금방 피곤해진다는 느낌이 들었다.

그래서 나는 2009년 말부터 일주일에 두 번씩 15분 동안 트레이닝(스쿼시, 복근 운동, 팔굽혀펴기)을 하기로 했다.

내게 근육 트레이닝은 고문과도 같아서 전혀 즐겁지 않았다. 유일하게 웃는 순간은 끝났을 때뿐이었다. 그래서 일주일에 두 번씩 '그날'이 오면 운동하기가 싫어서 견딜 수가 없었다. 동물원의 곰처럼 방안을 뒹굴뒹굴 구를 뿐이었다. 그렇게 몸을 움직이기를 싫어하던 내가 반년 이상 근육 트레이닝을 계속할 수 있었던 이유는 '행동 기록'이 효과를 발휘했기 때문이다.

집에서 근육 트레이닝을 한 다음에는 반드시 땀도 닦지 않고 떨리는 손으로 행동 기록을 적는다.

> ·10:00~10:20 근육 트레이닝 완료. 스쿼시·복근 운동·팔굽혀펴기, 5분씩.
>
> ☆횟수보다 자세를 지키는 것이 더 중요. 이번에는 근육을 상당히 혹사시킨 느낌. 내일 근육통이 생길 듯하다.

이렇게 쓸 때 커다란 성취감을 느끼는 것이다.

'끝냈다'라고 노트에 썼을 때 쾌감을 느낄 수 있는 것은 업무도 마찬가지다.

즉 라이프 로그를 시작하면 운동이든 업무든 어깨가 으쓱해질 만한 내용을 행동 기록으로 적고 싶어진다.

그렇게 되면 하기 싫은 일도 '뭐, 어쩔 수 없으니 해 볼까?'라는 기분이 된다. 하고 싶은 행동을 계속할 수 있는 동기가 보강되는 것이다.

외우기 쉽도록 정리하자면, '기록이 계속되면 행동도 계속된다'고 할 수 있다.

기록해 보면 '내가 잘하고 있는 모습'을 인정하게 된다

그만하고 싶은 행동을 줄이고 하고 싶은 행동을 늘린다. 이것이 쌓이면 '성장'이 된다.

이렇게 생각하면,

"어제는 과식을 했지만 오늘은 소식으로 억제했다."

"오늘은 이메일을 전부 처리한 다음에 퇴근했다."

이런 사소한 것도 성장을 위한 일보라고 할 수 있다. 1밀리미터라도 앞으로 나아갔다면 누가 뭐라고 하든 '성장한' 것이 아닐까?

사람들이 자주 말하듯이, 커다란 일을 하려면 작은 일을 쌓아나가는 수밖에 없다.

불안정한 시대이기 때문인지, 최근 "내가 무엇을 이루었는지 잘 알 수가 없다."라며 고민하는 사람이 내 주위에도 늘어나고 있다.

내가 보기에 그 사람은 충분히 훌륭하다.

매일 성실하게 회사에 나오며, 문제 행동을 반복하지도 않는다. 그런데도 이런 식으로 '내가 무엇인가 이루기는 했을까?', '나는 앞으로 나아가지 못한 것이 아닐까?'라는 불안감에 빠지는 이유는 무엇일까?

눈에 보이는 형태로 기록하지 않은 것도 한 가지 이유라고 생각한다.

앞에서도 말했듯이, 행동 기록을 거듭 쌓아 나가며 라이프 로그 노트의 권수를 불려 나가는 것은 매우 알기 쉬운 '내가 살아온 실적'이며, 이것은 곧 자신감으로 직결된다.

다만 이것을 거꾸로 생각하면, "인간은 '매일 성실하게 노력하며 살고 있다'는 것조차 기록해 놓지 않으면 좀처럼 깨닫지 못하는 존재다."라고도 말할 수 있는 것이다.

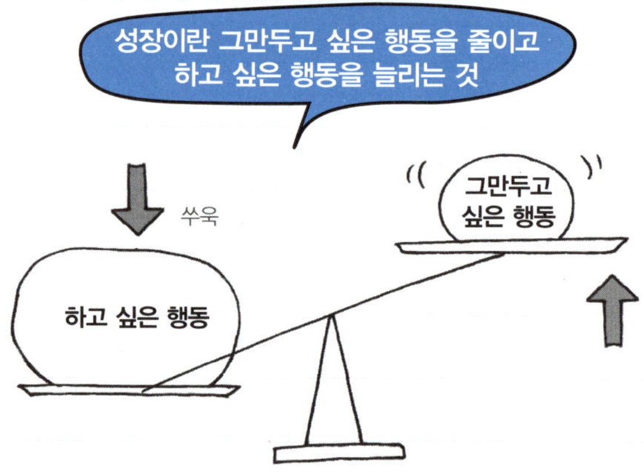

종신 고용도 사라진 지금, 누구도 미래를 예측하지 못한다. 조금만 생각을 해도 고민거리가 쏟아져 나온다. 그러므로 그런 것에 신경 쓰기보다는 자신의 과거 실적을 바라보며 자신에게 용기를 불어넣는 편이 훨씬 이익이 아닐까?

라이프 로그 노트를 잘 활용하면 작은 전진을 '성장의 일보'로 삼기 쉬워진다. 그렇게 하면 자신을 비하하며 우울해하는 일도 없어질 것이다.

part two

노트를 자신의 분신으로 만든다

라이프 로그 노트는 '내가 쓴, 나의 모든 것에 대한 세계에 단 하나밖에 없는 책'이다. 그래서 라이프 로그 노트를 읽고 생각하는 것은 이체는 없는 과거의 자신과 대화하는 것과 같다. 따라서 자신이 쓴 기록을 확실히 자신의 것으로 만들면 자신의 생각을 더욱 깊게 할 수 있다.

효과 발휘를 위한 3단계

'쓴다', '붙인다', '다시 읽는다'

지금부터는 라이프 로그를 어떻게 시작해 정상 궤도에 올리며 계속해 나갈 것인지를 '쓴다', '붙인다', '다시 읽는다'라는 3단계로 나눠서 설명하도록 하겠다.

단순한 라이프 로그 노트의 작성 방법을 굳이 단계를 나눠서 설명하는 데는 이유가 있다.

대부분의 사람들은 "있는 그대로 기록한다.", "분위기를 알 수 있도록 무엇인가 붙여 놓는다."라고 말해도 어떻게 해야 할지 알지 못하기 때문이다.

정보를 범주별로 분류하거나 정리하는 데 너무 익숙해서, 또 그래야 한다는 믿음이 너무 강해서 "자유롭게 노트를 사용하십시오."라고 말해도 어떻게 해야 좋을지 알지 못한다. 그런 사람이 의외로 많다.

나는 몇몇 독자들에게 이런 말을 듣고 깜짝 놀랐다. "노트에 무엇인가를 붙인 건 처음이었다."는 것이다. '노트는 글씨를 쓰기 위한 것'이라는 고정 관념은 이렇게까지 강하다.

그래서 라이프 로그 노트에 글을 쓰고, 자료를 붙이고, 그것을 다시 읽는 등 '자유롭게 사용하는 습관'을 일상 속에서 어떻게 만들어 나가며 또 그 속에서 어떤 효과를 얻을 수 있는지에 대해 지금부터 세 가지 단계로 나눠서 살펴보려 한다.

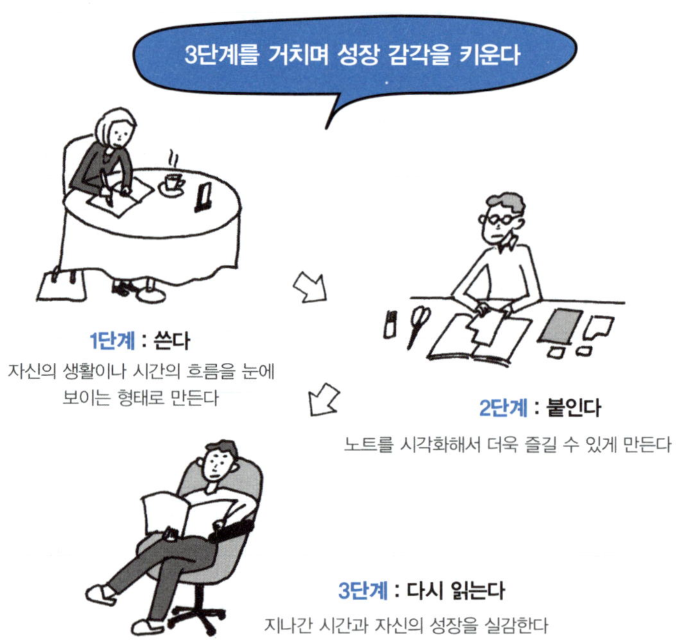

1단계 - 쓴다

'행동 기록'을 통해 가벼운 자기 관리를 시작한다

라이프 로그의 첫걸음으로 먼저 시작해야 할 일은 노트에 '행동 기록'을 메모하는 것이다. 메모는 앞에서부터 순서대로 노트에 적어 나간다. 다만 처음에는 메모 방식에 너무 연연하지 말도록 하자. 익숙해지기 전까지는 날짜와 시간, 한 일만 적으면 된다. 예를 들면,

> '13:00~15:20 방 정리, 청소'
> --
> '15:30~17:00 슈퍼마켓에서 장을 봄'

과 같이만 써도 충분할 것이다. 처음부터 갑자기 상세한 내용을 기록하려 하면 금방 지겨워지므로 처음에는 일상적으로 메모하는 리듬을 만들기 바란다. 그래서 일단 익숙해지면,

· 무엇을 샀는가?

· 누구에게 이메일을 썼는가?

· 무엇에 대해 이야기했는가?

같은 구체적인 정보를 적자. 노트 한 권에 그저 자신의 행동을 적어 나가기만 해도 일상생활에서 의식이 크게 바뀌게 된다.

2단계 - 붙인다

'자료 수록'으로 많은 것을 말해 주는 노트를 만든다

노트에 '행동 기록'을 적어 넣는 데 익숙해졌다면 다음에는 자료를 붙여서 생활의 '분위기'를 좀 더 남겨보자. 아무리 메모에 익숙해지더라도 체험한 바를 전부 글로 쓰는 것은 무리다.

하지만 예를 들어 영수증을 붙이기만 해도 레스토랑에서 먹은 요리, 구입한 상품 등을 메모하는 수고가 줄어든다. 게다가 홍보용 인쇄물이나 숍카드는 노트에 길게 쓴 문장보다도 그때의 분위기와 기억을 되살리는데 유용한 경우가 종종 있다.

이와 같이 항상 '노트에 붙일 자료'를 모으려고 의식하자.

그렇게만 해도 나들이를 나가거나, 처음 들어간 가게에서 점심을 먹을 때, 혹은 강연, 심포지엄에 갈 때 우리들의 주의력은 훨씬 높아진다. 그저 갔다 오는 것보다, 그저 보고 오는 것보다 훨씬 진한 체험을 할 수 있는 것이다.

그리고 이렇게 해서 만든 노트는 글자로 가득 차 있는 것보다 훨씬 보기에도 즐거운 '펼쳐 보고 싶은 노트'가 되기 때문에 다시 읽고 싶은 마음이 생긴다.

종잇조각 한 장이 모든 것을 말해 준다

라이프 로그 노트의 작성을 즐거운 마음으로 계속하려면 무엇인가를 붙이는 것이 중요하다.

'정말 사고 싶었던 부츠를 다카시마야 백화점에서 샀다'라는 메모만으로 행동을 기록하기보다는 '다카시마야 백화점에서 샀다'라고 간단히 쓰고 그 옆에 부츠의 '상품 설명 태그'를 풀로 붙인다.

그러는 편이 부츠를 샀을 때의 체험을 더욱 확실히 남길 수 있을 것이다. 그뿐 아니라 나중에 노트를 펼쳤을 때 부츠를 산 당시의 생생한 기분을 기억할 수 있다.

붙인 자료에 적혀 있는 글이나 사진도 중요하지만, 그 이상으로 그 종이의 딱딱함과 감촉이 부츠를 산 체험의 '상징'이 되는 것이다.

행동 기록뿐만 아니라 되도록 상징적인 것을 노트에 남기도록 하자.

예를 들어 시코쿠에 출장을 갔을 때는 '13:12 마쓰야마 역 하차'라고 노트에 적고 여백에 역의 기념 스탬프를 찍는다. 이렇게 하면 나중에 노트를 펼쳐 볼 때 스탬프가 '시코쿠 출장을 상징하는 아이콘'으로서 눈에 들어온다.

또 책을 샀을 때도 띠지를 벗겨서 노트에 붙여 놓는다. 이렇게만 해도 단순히 '○○이라는 책을 샀다'라고 적어 놓는 것보다 **그 책을 샀을 때의 인상이 훨씬 선명하게 남는다.**

라이프 로그 노트를 사용할 때는 '행동 기록'을 글로만 남기지 말고 여러 자료를 붙이거나 스탬프를 찍으면서 항상 시각적인 요소를 더하도록 하자. 이렇게 하면 '분위기'를 한층 더 느낄 수 있는 재미있는 노트가 된다. 좀 더 효율적으로 체험을 되살려 머릿속에 오래 남겨둘 수 있기 때문이다.

노트에 '상징'을 남겨 놓는다

역이나 관광 안내소의 스탬프는 '출장'의 상징이, 책의 띠지는 '책 구입'이나 '독서 체험'의 상징이 된다. 이런 상징이 될 만한 것을 일상생활 속에서 적극적으로 모으도록 하자.

손을 사용해 작업하면 '자신의 것'이 된다

자료를 붙이는 것에는 작업하는 과정에서 머릿속이 정리된다는 이점도 있다.

나는 집에 돌아와서 자료를 오리고 빨간 펜으로 쓴 다음 행동 기록 옆에 붙여서 수작업으로 페이지를 만든다.

이 작업 자체가 행동 기록에 이어 '체험을 되새김하는 것'이다. 또 나중에 봤을 때 기억이 잘 떠오르도록 자료를 붙이는 방식이나 레이아웃에 신경을 쓰기도 한다.

이 작업은 잡지사 '편집부'의 업무와 비슷하다. 편집부는 기사를 레이아웃하고 제목과 사진, 그림 등을 붙여서 최종적으로 지면을 만드는 부서다. 편집부 담당자는 여러 기자가 쓴 대량의 기사를 전부 읽고 할당할 지면의 크기와 제목을 궁리한다.

그렇기 때문에 현장의 기자보다도 폭넓고 균형 잡힌 지식을 보유하고 있다. 그뿐 아니라 기사의 이상한 부분을 누구보다 빠르게 눈치 챌 때도 종종 있다.

노트에 행동 기록을 쓰는 것이 '기자의 일'이라면, 노트에 자료

를 붙여서 보기 좋게 그리고 인상에 잘 남도록 하는 것은 '편집부
의 일'에 비유할 수 있다.

그저 체험하고 그것을 적어 넣기만 하는 것이 아니라 어떤
자료를 붙여서 어떤 '지면'을 만들지 생각한다. 그 과정에서
체험을 더욱 자신의 것으로 만들 수 있다.

체험을 이쪽으로 끌고 와 '자산화'할 수 있는 것이다.

나는 모임이나 파티에서 만난 사람의 명함을 노트에 붙일 때,

'뭐야? 이 두 사람, 묘하게 사이가 좋다 싶었더니 부부였잖아?'

'이 사람의 사무실은 자주 가는 서점의 옆 건물이었네. 다음에 서
점에 갈 때 인사차 들르자' 같은 의외의 인간 관계나 작은 사실을
깨닫는다. 수작업으로 자료를 붙여 나감으로써 체험한 내용을 되
돌아보고 더 깊은 정보를 알게 된다.

행동 기록   지면 만들기

3단계 – 읽는다

'다시 읽기'로 자신을 서서히 바꿔 나간다

지금까지 라이프 로그를 정상 궤도에 올리는 단계에 대해 순서대로 설명했다.

먼저 행동 기록을 메모하기만 해도 자신의 행동이 바뀌며 성장한다고 말했다. 또한 단순히 메모만 하지 말고 자료를 붙이는 등 '지면'을 시각적으로 만들기 위해 궁리하면 체험이 인상에 더욱 확실히 남고 정리가 되어 새로운 발견을 할 수 있다고 말했다.

이제 마지막으로 남은 것은 '다시 읽기'다.

앞에서도 말했듯이, 많은 이들이 노트를 제대로 활용하지 못하는 큰 이유가 바로 '다시 읽기'가 불충분하기 때문이다.

다시 읽기를 생활의 일부로 만들기 위한 구체적인 방법은 5장에서 다루기로 하고, 여기에서는 '다시 읽기'에 어떤 의미가 있는지 간단하게 설명하겠다.

라이프 로그 노트를 다시 읽는 것은 단순히 과거를 회상하며 그리움에 잠기는 것과는 비슷한 듯하면서도 전혀 다르다.

다시 읽기를 하면 자신의 강점과 약점을 알 수 있을 뿐만 아

니라 자신의 생각을 확립하고 마음을 조절할 수 있는 등 다
양한 장점이 있기 때문이다.

　‘쓴다’와 ‘붙인다’, 그리고 ‘읽는다’가 하나가 되었을 때 비로소
라이프 로그 노트의 효과를 100퍼센트 발휘할 수 있다. 이 사실
을 잊지 말기 바란다.

노트에서 얻을 수 있는 '생각지도 못한 발견'

라이프 로그 노트를 다시 읽는 것은 무엇을 위해서일까?

내가 느끼고 있는 가장 큰 효과는 과거의 여러 가지 체험이 맞물려 새로운 발견을 이끌어낸다는 점이다.

나는 기분 전환을 위해 카페에서 업무를 보기도 하는데, 어느 날 노트를 넘기며 읽다가 재미있는 사실을 깨달았다.

'중요한 아이디어는 카페의 카운터 자리에서 나올 때가 많다'는 것이다.

앞에서도 말했듯이, 나는 메모가 흩어지지 않도록 갑자기 생각난 아이디어도 전부 행동 기록과 함께 라이프 로그 노트에 적는다. 그것을 다시 읽어 봤더니 '카페의 특정 자리'에 앉았을 때가 많았다. 행동 기록에 '@' 기호로 '있었던 장소'를 적어 놓기 때문에 어떤 카페에서 작업했는지를 알 수 있다.

물론 '어느 자리에서 작업했는지'까지는 적혀 있지 않지만, 그래도 아이디어를 짜낸 성취감은 기억에 남아 있기 때문에 '분명히 카운터 자리의 가장 왼쪽에 앉았지'라고 떠오르는 것이다.

과거에 적은 행동 기록에서 생각지도 못한 깨달음이나 힌트를 얻을 수 있다

나는 초자연적 현상을 믿지는 않는다. 그러나 공간이나 의자의 안락함, 분위기가 생각을 하기에 적합한 곳, 즉 '아이디어가 잘 떠오르는 장소'는 있다고 생각한다.

이러한 발견은 그밖에도 많다. 예를 들어,

'점심 식사 때 날달걀을 먹으면 일이 잘 된다.'

'수면 시간이 8시간 이상인 날은 집중력이 향상된다.'

'오전 11시 이전에 가면 도서관에서 콘센트가 있는 컴퓨터용 좌석에 앉을 수 있다.'

와 같은 것이 '나만의 발견'으로 축적되어 있다.

다시 읽기만으로 업무나 생활을 위한 '경향과 대책' 같은 것이 점점 생겨나는 것이다.

체험을 재활용해 지금의 자신에게 적용한다

'체험의 재활용'이란 라이프 로그 노트에 있는 과거의 기록을 다시 읽고 그것을 앞으로 할 일에 활용하는 것이다.

출장 기록을 예로 들어보자. 다음 주에 오랜만에 나고야 출장이 결정되었다면, 2년 전 나고야에 출장을 갔을 때의 행동 기록을 다시 읽는다. 거기에는,

'역을 잘못 내린 탓에 지각할 뻔했다.'

라고 적혀 있다. 그러면,

'그랬군. 그쪽 역은 전부 똑같아 보이니 노선도를 가지고 가자.'

와 같이 미리 대책을 세울 수가 있다.

또 내일 할 프레젠테이션에 자신이 없다면 만족스럽게 프레젠테이션을 했을 때의 기록을 다시 읽어 본다. 거기에,

'프레젠테이션 직전에 화장실에 틀어박혀 몸짓을 해 가며 시뮬레이션을 했다.'

라고 적혀 있다면,

'내일도 일찍 회의장에 가서 화장실에서 예행연습을 하자.'

라고 마치 징크스처럼 내일 할 일을 결정해 마음을 안심시킬 수 있다.

이처럼 단순히 과거의 행동에서 힌트를 얻어 현재에 활용하는 것 외에 자신의 마음을 조절하기 위해서도 '다시 읽기'를 활용할 수 있다.

과거에 자신의 실수로 아찔했을 때의 심경을 읽으면,

'지금 방심해서는 안 되는구나.'

라고 마음을 다잡을 수 있으며, 일이 잘 풀렸을 때의 행동 기록을 읽으면,

'또 이런 기분이 될 수 있도록 힘들어도 열심히 하자.'

라고 생각할 수 있다.

이와 같이 라이프 로그 노트는 자신의 기분을 조절하기 위한 '스위치'로도 활용할 수 있다.

자신의 표현으로 이야기할 수 있게 된다

다 쓴 라이프 로그 노트는 하나의 읽을거리, 즉 책이라고 생각할 수도 있다.

그것은 바로 '내가 쓴, 나의 모든 것에 대한, 세계에 단 하나밖에 없는 책', 즉 '나의 비망록'이다.

그런 책을 가까운 곳에 꽂아 놓고 무엇인가를 생각할 때 실마리를 얻고자 이따금 펼쳐 본다. 그리고 과거의 자신이 쓴 글을 다시 읽고 여기에서 얻은 생각을 다시 지금 사용하고 있는 라이프 로그 노트에 남긴다.

과거의 노트에 나오는 책이나 영화의 제목, 행동의 기록, 자료 등은 전부 자신의 손이 닿았던 정보다. 그러므로 자세히 읽지 않아도 몇 줄만 읽으면 금방 기억이 되살아난다.

나는 노트를 다시 읽은 것이 계기가 되어 지금의 생각이 바뀐 적도 여러 번 있다.

'책'으로서는 상당히 자극적인 장르일 것이다. 세계에서 단 하나밖에 없는 '나의 비망록'을 읽고 생각하는 것은 이제는 없는 과거의 자신과 대화하는 것과 같다.

서점에서 파는 책과는 달리 '글쓴이'는 자신이다. 자신의 머릿속을 통과한 정보이기 때문에 무슨 말을 하는 것인지 금방 알 수 있다. 아무리 의외의 내용이 적혀 있더라도 그것은 틀림없는 자신의 글이다.

이것은 자신의 머릿속 생각을 정리할 때 의외로 도움이 된다.

최근에는 정치가도 언론도 어딘가에서 들어 본 듯한 말밖에 하지 못한다고들 하는데, 나는 그 원인 중 하나가 '주위의 의견을 너무 많이 들었기 때문'이라고 생각한다.

만약 카리스마가 넘치는 사장이 있으면 그 사람이 한 말을 통째로 받아들인다. 책에 적혀 있는 내용을 조금도 의심하지 않고,

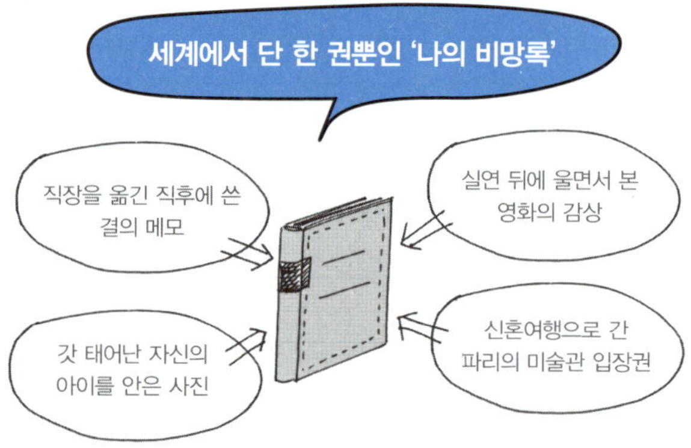

아무런 갈등도 없이 자신의 생각과 동화시킨다. 그 결과 전부 어딘가에서 들어 본 것 같은 말만 입에서 나오는 것이다. 듣는 사람은 '또 뻔한 말이군'이라고 생각하게 된다.

이와 같은 흐름을 반대로 돌릴 수 있는 것이 라이프 로그 노트를 다시 읽는 습관이다.

책이나 블로그 등 타인이 만든 정보뿐만 아니라 자신이 쓴 기록, 오려낸 자료를 확실히 자신의 것으로 만들면 점차 자신의 생각을 더욱 깊게 할 수 있다.

그 결과 자신만의 표현으로 자신의 생각을 말할 수 있게 될 것이다.

모든 것은 '즐겁게 사용하고 생생하게 남기기' 위해

정보를 입력하고 검색하는 데는 컴퓨터나 스마트폰 같은 디지털 도구가 더 뛰어나다. 그러나 '분위기'를 남길 수 있는 것은 디지털이 아니라 '노트에 손으로 쓰는' 아날로그 기록이다.

노트에 글을 쓰고 자료를 붙이고 그것을 다시 읽어 자신의 행동을 조절하고 머릿속을 정리하며 체험을 되새겨 교훈을 얻음으로써 조금씩 성장하고 자신감을 가질 수 있다.

조금 구태의연한 표현일지 모르지만, 라이프 로그 노트는 독서와 같은 '자신을 만드는 행위'다.

"책을 읽읍시다."라는 말은 자주 듣지만, "노트에 행동을 기록합시다."라는 말은 거의 들어 본 적이 없다.

여기까지 읽고 '나도 한번 해 보자!'라고 생각한 사람도 많을 것이다.

그러면 라이프 로그를 실제로 시작할 때, '분위기'를 남기는 기록 장치인 노트는 어떤 점에 유의해 선택해야 할까? 또 일상생활 속에서 어떻게 사용해야 할까?

이미 설명했듯이 라이프 로그 노트는 공부나 업무에서 사용하는 노트나 메모장, 일기장과는 다르다. 단순한 도구가 아니라 자신의 분신이다.

보통과는 사용법이 다르므로 노트도 지금까지 사용해 온 것이 무조건 가장 좋다고는 할 수 없다. 여러분의 라이프스타일에 맞는 상품을 골라 스트레스 없이 '쓰기', '붙이기', '다시 읽기'를 즐길 수 있도록 궁리해 나가는 것이 중요하다.

'중심축'은 반드시 노트에 둔다

라이프 로그를 시작할 때 먼저 주의해야 할 점이 있다.

그것은 노트에 기록을 일원화하는 것이다. 휴대폰이나 스마트폰, 디지털 카메라, 수첩에 노트북 컴퓨터까지 가지고 다니는 사람도 많을 것이다. 친구와 놀러 가서 휴대폰으로 사진을 찍고 지금 무엇을 하고 있는지 트위터에 올리는 것은 이제 지극히 일상적인 행동이다.

그렇다면 행동 기록은 여러 가지 매체에 분산시켜도 괜찮을까? 그렇지 않다. 설령 사진을 찍더라도 행동 기록은 라이프 로그 노트에 적어 두자.

예를 들어 모처럼 만난 친구와 일요일에 롯폰기힐스에 가서 저녁을 같이 먹었다. 휴대폰으로 사진도 잔뜩 찍었다. 이럴 때도 '오늘은 사진도 많이 찍었고 친구와 만나기 위해 주고받은 이메일도 남아 있으니 행동 기록은 안 남겨도 되겠지'라고 생각하지 말고,

'100919 21:42 사카이가 도쿄에 놀러 와서 함께 관광을 했다.

롯폰기힐스와 아사쿠사, 도쿄 역에서 라면과 맥주를 먹었다.'
라고 간단해도 좋으니 노트에 적어 놓는다.

이렇게 하는 이유는, 노트를 펼쳤을 때 당시의 인상을 상기시켜 주기 때문이다.

컴퓨터로 작성한 텍스트나 이메일, 디지털 카메라 사진 등에는 작성 시각과 갱신 일시가 남아 있기 때문에 그것을 보면 언제 기록했는지 금방 알 수 있다.

그러나 항상 똑같은 디지털 카메라를 가지고 다니지 않는 한 휴대폰이나 컴퓨터, 메일함, 트위터 등에 정보가 분산되고 만다.

그 결과 노트를 일관된 '타임라인'으로 적용할 수가 없다.

비록 행동 기록을 적지 않더라도 일주일 정도 뒤까지는 '9월 19일에 친구가 와서……'라고 기억할 것이다. 그러나 한 달 뒤에는 어떨까?

'어라? 9월 19일은 기록이 없네? 내가 그때 뭘 했더라……?'와 같은 상황이 될 것이다. 그리고 1년이 지나면 완전히 기억에서 지워진다. 그렇다고 새삼스럽게 그날의 이메일을 확인하지는 않는다.

그러므로 블로그나 디지털 카메라로 디지털화한 기록이 있더라도 반드시 '행동 기록'을 노트에 남겨 둬야 한다.

나도 마음만 먹으면 이메일이나 휴대폰의 이력을 천천히 읽어 보며 내가 그때 무엇을 했는지 알아낼 수는 있다. 그러나 좀처럼 그렇게 하기가 힘들다.

그보다는 작은 귀찮음을 무릅쓰고 노트에 '오늘은 사카이와 놀러 갔다'라고 적어 두면 나중에 노트를 펼치기만 해도 기억을 되살릴 수 있다.

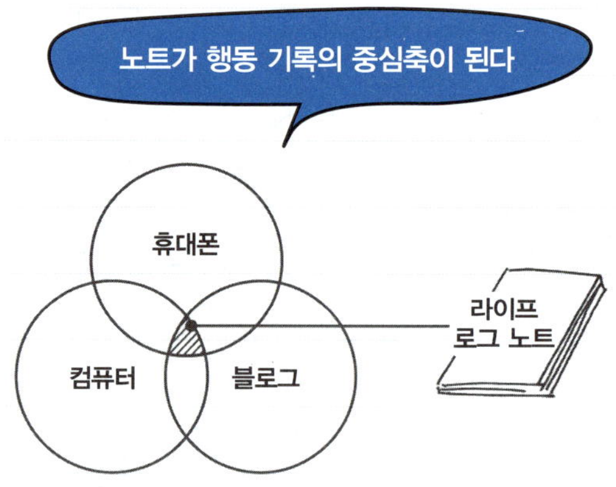

'자신의 분신'이 될 노트를 선택하자

그러면 이제 라이프 로그 노트 선택법을 구체적으로 소개하도록 하겠다.

내가 지금 라이프 로그용(행동 기록과 함께 뭐든지 다 적는 용도)으로 사용하는 노트는 평범한 A5 크기의 노트다.

기본적으로는 '캠퍼스 노트' 중에서도 70매짜리 두꺼운 노트를 사용하는데, 그 밖에도 문구점에 갔다가 마음에 드는 노트가 보이면 사 뒀다가 나중에 사용하기도 한다.

다만 책장에 차례대로 꽂아 놓을 것을 생각해 크기만큼은 A5로 통일한다. 라이프 로그를 기록하기 시작한 2004년부터 2009년 말까지는 앞에서도 말했듯이 A6(문고판 크기)나 그보다 작은 노트를 사용했다. 그러나 2010년 초부터는 두 배 큰 A5 크기로 바꿨다.

이유는 첫째로 쓰고 붙이는 분량이 점점 늘어났다는 점이다. 또한 전보다 책상 앞에 앉아 있는 시간이 길어져 휴대의 편리성보다 기입량을 중시하게 되었기 때문이다.

A5는 공간이 넓기 때문에 글을 쓰기가 편하다. 반면에 항상 휴대하고 다니기에는 너무 크다. 자주 외출하는 사람은 예전에 내가 그랬듯이 A6 노트를 주머니에 쑤셔 넣고 나가는 편이 나을지 모른다.

이와 같이 크기 한 가지만 봐도 '만고불변의 진리'는 없다. 그 사람의 라이프스타일에 따라 선택하면 된다. 나 역시 A6에서 A5로 바꿔 보기도 하고 페이지 수가 많은 것을 찾아다니는 등 지금도 알맞은 노트를 모색 중이다.

다양한 회사의 노트를 사용하다 보면,

'이건 괘선이 너무 굵은 걸?'

'페이지 수가 두 배 정도면 참 좋을 텐데…….'

'이 회사 제품은 종이질이 정말 좋아.'

와 같이 각각의 장점과 단점이 눈에 들어온다.

그렇게 경험을 쌓아 두면 다음에 사용할 노트를 찾을 때 그 경험을 살릴 수 있다. 이렇게 해서 자신의 분신으로 적합한 '이상적인 노트'를 찾아내면 된다. 번거롭게 생각될지도 모르지만, 이것은 라이프 로그의 재미이기도 하다.

자신의 필요에 부응하는 노트를 찾아 문구점과 잡화점, 외국의 선물 가게 등을 기웃거려 보자. 매번 노트를 고르는 것은 고민스럽기도 하지만 한편으로 즐겁기도 할 것이다.

라이프 로그용 노트를 찾는다는 것은 말하자면 노트를 선택할 기회가 1년에도 여러 번 찾아온다는 의미다. 마음에 드는 노트를 찾아 돌아다닌 끝에 구입하고, 다음 노트는 무엇이 좋을지 생각한다. 이 행위 자체가 즐겁다.

노트를 선택할 때 중요한 것은 '어떤 메이커가 좋은가?'가 아니다. 다음 페이지부터 설명할 체크 포인트를 참고하기 바란다. 그 다음에는 이것저것 노트를 써 보고 여러분의 라이프스타일과 기호에 딱 맞는 제품을 찾아내기 바란다.

애용하는 A5 캠퍼스 노트

A5를 펼치면 A4 크기가 되기 때문에 커다란 신문 기사도 붙이기가 수월하다. 또 커버가 넓기 때문에 이것저것 꾸미면서 즐길 수 있다. 다만 그 대신 외출할 때 가방이 필요하다.

POINT1

어디든 가지고 다닐 수 있는 크기인가?

첫째로, 내가 가장 중요하다고 생각하는 포인트는 '가지고 다니며 사용할 수 있는 가?'이다. 아무리 괘선과 종이 질이 마음에 들어도 항상 사용할 수 있도록 해 두지 않으면 점점 쓰지 않게 된다.

예를 들어 A5 크기의 '캠퍼스 노트'와 A6 크기(문고판 크기)노트, '몰스킨'의 포켓 크기(A6보다 더 작은 크기)는 휴대라는 측면에서 가장 사용하기 편한 제품이라고 할 수 있다.

양복 안주머니에도 들어가며, 비즈니스용 가방에 달려 있는 안주머니에 재빨리 넣고 뺄 수 있다.

또 A6 크기는 수첩이나 문구 업체라면 대부분 제품이 나와 있는 규격이다. 너무 작지도 않아서 큰 글씨도 여유 있게 쓸 수 있기 때문에 라이프 로그 노트로서는 어떤 사람에게나 추천할 수 있다.

한편 A6의 두 배 크기인 A5 크기는 다소 휴대는 불편하지만 자료를 붙일 때 편리하다. 자료를 접지 않고 붙일 수 있는 경우도 많다. 내가 A6 노트를 150권 이상 사용한 뒤에 A5로 바꾼 이유 중 하나는 자료를 마음껏 붙이고 싶었기 때문이다.

몰스킨 포켓+라지
(몰스킨)

문고본 노트

캠퍼스 노트 A5+A6

MD 노트 A6+A5

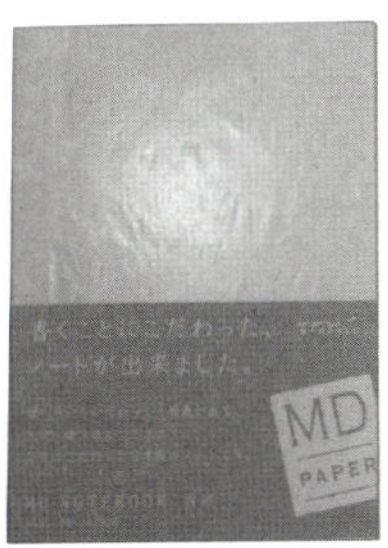

POINT2

수평인가 수직인가, 가로형인가 세로형인가?

라이프 로그 노트는 집안에서 뿐만 아니라 회사나 카페, 전철 안 같이 밖에서 자주 사용하게 된다. 책상 이외에도 전철 안에서 서 있을 때나 앉아 있을 때 무릎 위에 가방을 올려놓고 펼칠 수 있느냐 등을 생각할 필요가 있다.

보통 사무용 책상의 세로 길이는 60센티미터 정도이며, 그 위에는 모니터와 키보드가 놓여 있다. 여기에서 수직인(세로로 긴) 노트를 펼쳐서 쓰기에 조금 공간이 부족할 수 있다.

그럴 경우는 수평인(가로로 긴) 노트를 사용하는 방법도 있다. 줄이 없는 노트라면 수평으로도 사용하고 수직으로도 사용하는 등 자유롭게 이용할 수 있다.

또 노트에는 위로 넘기는 세로형과 옆으로 넘기는 가로형이 있는데, 몰스킨의 '리포터'나 로디아의 '노트패드 A5 세로형' 같은 세로형 모눈 노트는 수평으로도 사용할 수 있으며, 원래대로 수직으로 넘기며 쓰면 선 자세에서도 글을 쓰기 편하다.

또 제본기를 이용해 일반 노트를 잘라서 수평 노트(또는 세로형 노트)를 두 개 만드는 방법도 있다.

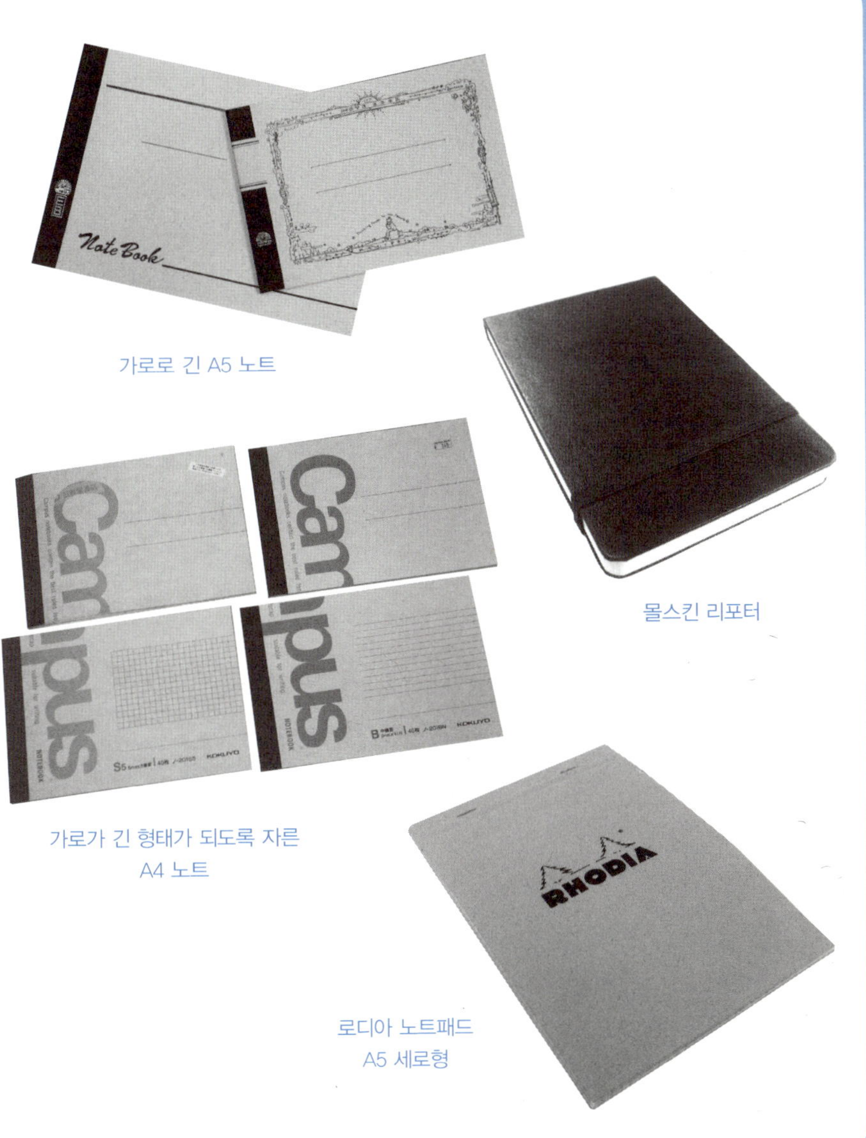

가로로 긴 A5 노트

몰스킨 리포터

가로가 긴 형태가 되도록 자른
A4 노트

로디아 노트패드
A5 세로형

POINT3

잘 펼쳐지는가?

편하게 라이프 로그를 기록하기 위해서는 자신에게 맞는 제본 방식의 노트를 사용하는 것도 중요하다.

제본 방식에는 여러 가지가 있다. 문구점에서 파는 노트의 제본 방식에는 무선 제본과 실 제본, 스테이플 제본, 링 제본 등 여러 종류가 있다.

링 제본은 노트를 펼치기가 좋아서, 페이지를 360도 펼쳐 뒤로 접을 수가 있다. 그러나 반면에 링 부분의 부피가 크며 가방 속에서 걸리기도 한다.

또 주간지에서 볼 수 있는 스테이플 제본은 펼치기가 조금 불편하다. 아니, 정확히 말하자면 페이지가 살짝 떠서 글을 쓰기가 불편할 때가 많다. 그래서 나는 무선 제본과 실 제본 노트를 가장 많이 사용한다.

무선 제본과 실 제본 노트는 튼튼하고 페이지가 잘 떨어지지 않으며 잘 펼쳐지기 때문이다. 링 제본 이외의 노트를 사용할 경우는 이 두 가지부터 시험 삼아 사용해 보기 바란다.

링 제본 노트

실 제본 노트

무선 제본 노트

POINT4

페이지 수는 충분한가?

라이프 로그 노트로 사용하려면 페이지 수가 많은 편이 편리할 것이다. 가방은 무거워지지만 최소한 한 달 정도는 계속 사용할 수 있다. 또 한 권에 정리하면 행동 기록을 되돌아보기도 편하다.

페이지 수가 적으면 외출지나 여행지에서 페이지가 모자랄 경우도 생긴다. 남은 페이지가 신경 쓰여서 메모나 붙이기를 주저할 수는 없으니, 대담하게 사용하기 위해서도 페이지 수는 많은 편이 좋을 것이다.

게다가 얇은 노트는 사용 기간도 짧기 때문에 노트를 펼쳐도 아주 최근의 내용밖에 다시 읽을 수 없다. 이래서는 다시 읽어도 그다지 재미가 없다.

한 노트를 오랫동안 사용하면 표지가 너덜너덜해지지만, 그만큼 애착심도 솟아날 것이다.

여러 크기의 100매짜리 노트들

여러 크기의 100매짜리 노트들

POINT5

괘선이나 용지가 목적에 맞는가?

노트 속의 용지가 어떤 것인가도 노트 선택에 중요한 요소다.

먼저 괘선이 내가 사용하기에 적합한지가 중요하다. 괘선으로 노트를 분류하면 '가로선'과 '선이 없는 무지 노트', '모눈 노트' 정도 중에서 선택하게 될 것이다.

보통 행동 기록을 적을 뿐이라면 가로선으로 충분하다. 다만 일러스트를 그린다면 불필요한 선이 없는 무지 노트가 적합하며, 도표나 그래프를 그릴 때는 모눈 노트가 편리하다.

또 괘선과 함께 필기구와의 궁합도 생각하자. 용지에 따라서는 잉크가 번지거나 뒷면에 비치기도 한다.

만년필을 사용하는 사람은 좋은 종이로 만든 노트를 사용하기 바란다. 필기감이 다른 종이보다 훨씬 좋기 때문에 기분 좋게 글씨를 쓸 수 있다. 애용하는 필기도구와 궁합이 잘 맞는 노트를 사용하면 행동 기록을 적는 것이 더욱 즐거워질 것이다.

무지 노트

모눈 노트

만년필은 종이에 따라
필기감이 크게 달라지므로
종이의 질에도 주의하자

도표나 그래프를 그리려면
모눈 방식의 괘선이 편리하다.
자가 없어도 편하게
그릴 수 있다

part three

어떻게 노트에 남기는가?

라이프 로그 노트를 나중에 다시 읽었을 때, 그때의 흥분과 분위기가 되살아
나도록 메모를 남기는 법, 그 장소의 분위기가 금방 느껴지도록 자료를 남기
는 법 등을 궁리해 두자. 그러면 '오늘 이 체험을 노트에 어떻게 정리할까?'를
생각하게 된다.

효과적인 '기록 방법을 궁리하자'

자신의 분신이 될 라이프 로그 노트를 발견했는가?

'좀처럼 이거다 싶은 노트가 없네'라고 생각되어도 일단은 '이 것'이라고 정한 것을 가지고 다니며 기록을 시작해 보자.

사용해 봐야 비로소 어떤 크기, 어떤 제본 방식, 어떤 괘선이 자신에게 맞는지 알 수 있는 측면도 있기 때문이다.

라이프 로그를 쓰기 시작하면 길어도 두세 달이면 한 권을 다 쓰기 때문에 또 새로운 노트를 시험해 볼 기회가 금방 생긴다.

나도 자주 노트를 바꾼다. 물론 더 좋은 것을 찾기 위해서이기 도 하지만, 새로운 노트를 사서 사용해 보는 것 자체가 즐겁 기 때문이다.

자, 노트를 선택했다면, 이제 이 장에서는 '어떻게 노트에 기록 할 것인가?'에 대해 이야기하도록 하겠다.

"행동 기록을 적는다."

"자료를 붙인다."

이렇게 한 마디로 말하듯 그저 글자를 나열하고 자료를 붙이기만 해서는 재미가 없다.

업무 보고를 이메일로 보내는 듯한 무미건조한 작업으로 생각되어 오래 계속하기가 어려울 것이다.

나중에 다시 읽었을 때, 그때의 흥분과 분위기가 되살아나도록 메모를 남기는 법, 그 장소의 분위기가 금방 느껴지도록 자료를 남기는 법 등을 궁리해 두면 '오늘 이 체험을 노트에 어떻게 정리할까?'를 생각하게 된다.

이렇게 해서 완성된 노트는 기회가 있을 때마다 펼쳐 보고 싶어진다. 그리고 다시 읽고 생각한 점을 어떻게 다시 기록할까 궁리하게 된다.

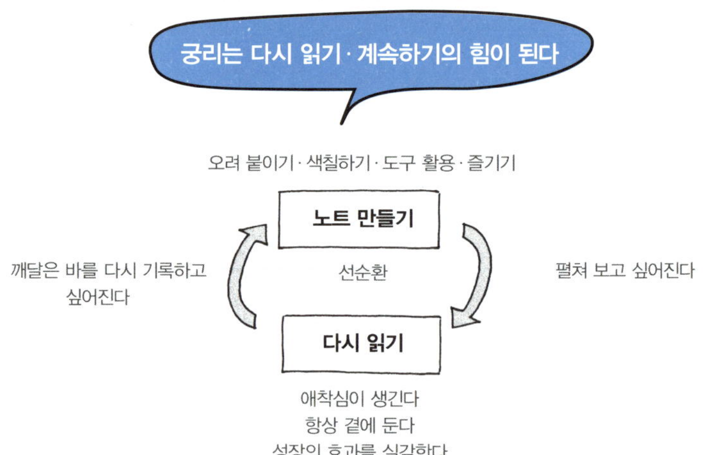

여러 가지 기록 방법을 알고, 시험하고, 궁리하는 것은 귀찮은 작업이 아니다. 오히려 라이프 로그의 기록에 열중하도록 만들어, 노트 기록을 오래 지속하도록 만든다.

노트는 자신을 '재창조'한다

기록 방법을 궁리하는 것의 장점은 단순히 즐겁게 기록을 계속할 수 있다는 점만이 아니다.

라이프 로그 노트를 쓰고 다시 읽는 시간을 가짐으로써 일상에서 한 발 벗어나 인생을 다시 바라볼 수 있는 것이다. 다시 말해 '재창조Recreation'의 효과도 있을 것이다.

누구나 직장이나 학교, 가정 등 자신 이외의 세계와 관련된 일상을 가지고 있는데, 그런 몇 가지 세계를 그저 왕복하기만 한다면 정신적으로 나약해질 수 있다. 무엇을 목적으로 생활하는지 알 수 없게 되어 허무한 기분이 들거나 점점 스트레스가 쌓여서 남들과 부딪힐 수 있다. 사소한 실수 하나에도 난리를 친다.

이렇게 근시안적이 되지 않기 위해 필요한 것은, 한 발 벗어나 자신을 바라보는 것이다.

혼자서 취미에 열중하거나 여행을 떠나는 것도 하나의 방법이다. 다만, 자주 그렇게 방안에 틀어박혀 취미를 즐기거나, 혹은 여행을 떠난다는 게 쉽지 않다.

좀 더 일상적으로 넓은 시야에서 자신의 인생을 생각하는 시간을 가질 수 있다면 약간은 여유 있게 살 수 있을 것이다.

라이프 로그 노트의 작성은 잘만 하면 그런 '재창조(레크리에이션)'의 시간이 될 수 있다.

'레크리에이션'은 보통 오락이나 여가 활동으로 번역되지만 원래의 의미는 '재창조'다.

운동이나 등산으로 기진맥진해져도 집에서 하는 일 없이 뒹굴 때보다는 훨씬 마음이 개운하다. 일상에서 벗어남으로써 걱정과 초조함, 짜증 같은 기분을 정리해 자신을 재창조할 수 있기 때문이다.

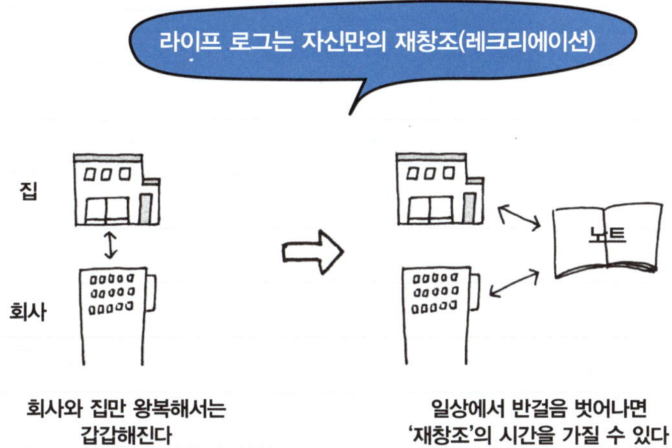

회사와 집만 왕복해서는
갑갑해진다

일상에서 반걸음 벗어나면
'재창조'의 시간을 가질 수 있다

낮에 때때로 노트를 펼쳐서 자신이 한 일이나 생각한 바를 적는다.

그리고 밤에는 그날 모은 자료를 붙이면서 낮에 한 일을 떠올린다.

혼자서 하는 여행처럼 '한발 물러서는' 것까지는 어려울지 모르지만, 반걸음 정도 떨어져서 시야를 넓힐 수는 있을 것이다.

기록을 통해 체험을 '자산화'한다

또 '라이프 로그 노트에 적자'라는 의식을 가지게 되면 체험을 더욱 농도 짙게 만들 수 있다는 이점도 있다.

나는 앞에서, 라이프 로그 노트에 행동 기록을 적음으로써 체험이 사라지는 것을 막는다고 썼다.

이것을 달리 표현하자면 '체험을 더욱 자신의 것으로 만들 수 있다'는 의미다. 앞에서도 말했듯이, 나는 이것을 '체험의 자산화'라고 부른다.

예를 들어 미술관에 간다고 가정하자. 같은 시간을 그곳에 있더라도,

'잠시 후에 카페에 가서 노트에 입장권을 붙이고 감상을 정리하자. 아, 이 그림은 참 멋지군. 감상에 꼭 이 그림에 관한 내용을 다뤄야겠어……. 하지만 이 느낌, 이 놀라움을 어떻게 표현해야 할까?'

라고 생각을 하면서 보는 것과 단순히 그림을 보고 돌아오는 것은 체험의 농도가 완전히 다르다.

게다가 기록을 남기지 않고 기억에만 의존하면 시간이 지남에 따라 인상이 흐려지는 속도도 빠르다. 나중에 다시 떠올렸을 때 자신의 체험임에도 마치 타인이 한 일처럼 느껴져 실감이 나지 않을 것이다.

괴로울 때는 더 힘들었을 때를 떠올리면 좀 더 견딜 수 있다. 감각이 둔해졌을 때는 마지막으로 감격했을 때를 떠올리면 신선한 감각을 되찾을 수 있다.

노트에 행동 기록을 적으면 지금 한 일이나 생각한 바를 재확인하게 되며, 다시 읽으면 세 번, 네 번 반복해서 체험을 하게 된다. 하나의 행동 기록으로 체험을 여러번 맛볼 수 있다.

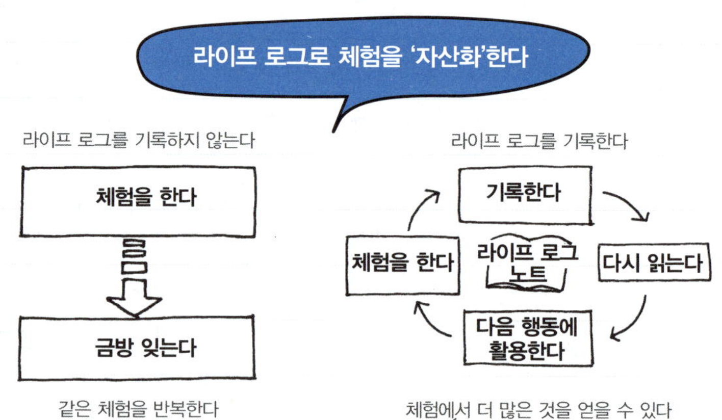

기록하지 않으면 자산화를 할 수 없다. 게다가 그것을 다시 읽음으로써 얻을 수 있는 반복 체험도 할 수 없다.

먼저 무엇이든 노트에 적자. 이것은 체험을 최대한으로 이용하기 위한 가장 중요한 첫걸음이라고 할 수 있다.

다시 읽기 위해 '왜'·'어떻게'라는 정보를 담는다

그러면 지금부터는 구체적인 필기 요령을 소개하겠다. 이 방법들을 이용하면 좀 더 알기 쉽고 즐겁게 라이프 로그 노트를 만들 수 있을 것이다.

노트에 행동 기록을 적는 이유. 그것은 나중에 다시 읽어 그날을 반복 체험하기 위해서다.

그러므로 우선은 나중에 똑똑히 읽을 수 있는 글자로 최대한 자세히 적는 것이 중요하다. 글씨가 지저분한 것은 그리 대수로운 문제는 아니다. 나 역시 나조차 읽기 어려울 만큼 지저분하게 쓸 때가 종종 있지만, 전후의 문맥을 보면 파악할 수 있다.

그보다 문제가 되는 것은 '얼마나 자세히 적느냐'이다. 나는 '석 달이 지나도 어떤 일인지 알 수 있도록 적는다'는 방침을 세웠다.

석 달이 지나면 자신이 진행하고 있는 업무의 내용이나 관심 있는 일, 문제의식도 상당히 변한다. 계절도 변하고, 읽고 있는 책도 메모를 했을 때와는 다를 것이다.

설령 그렇지 않더라도 '이 날 내가 도대체 뭘 했지?'라는 상황이 오지 않도록 적어 놓는다. 그러면 그 뒤에도 읽었을 때 의미를 이해할 수 있는 메모가 될 것이다.

구체적으로 말하면, 먼저 '고유 명사'를 넣어서 적도록 한다.

이것은 그다지 주의할 필요는 없다. 라이프 로그는 자신이 읽는 것이므로 자주 사용하는 역이나 자주 연락하는 사람, 자주 가는 가게 등은 생략형으로 적어 놓아도 나중에 대충 이해가 되기 때문이다.

금방 이해가 되지 않는 쪽은 '왜WHY', '어떻게HOW'라는 정보다.

'왜 그 영화를 보려고 생각했지?'

'무엇을 축하하는 회식이었지?'

'무슨 용건으로 이메일을 썼지?'

이런 것은 석 달이 지나면 전혀 기억이 나지 않게 된다.

그러므로 행동 기록은,

'우메다의 요도바시 카메라에 갔다.'

'한다 씨에게 이메일을 보냈다.'

'아이와 놀았다.'

라고만 적지 말고,

'여름에 나가노 여행에 가지고 갈 카메라를 보기 위해 요도바시에 갔다.'

'한다 씨에게 미역을 받은 데 대한 감사 메일을 보냈다.'

'리듬 놀이를 했더니 아기가 손발을 움직이며 좋아했다.'

라고 적는다.

이렇게 하면 몇 달 뒤에 봐도 '아하, 그때는 이런 생각을 했구나'라고 당시의 상황과 '분위기'를 금방 알 수 있다.

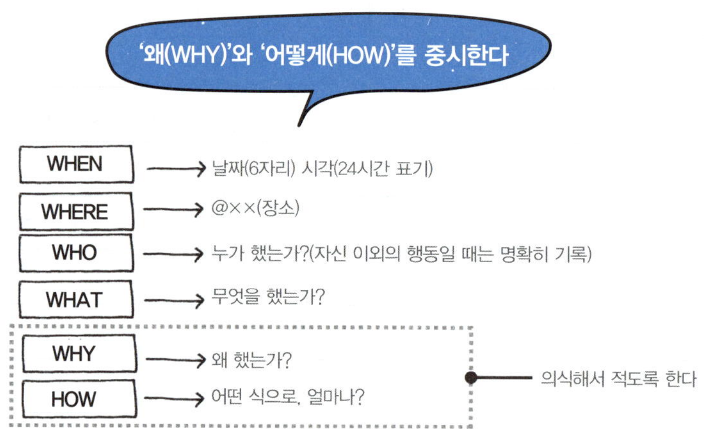

'행동이 끝났을 때'가 아닌 '문득 생각날 때' 적는다

이와 같은 '상세한' 행동 기록을 적으려고 하면 어떻게 해야 할가? 바로 상당한 분량의 글자를 적어야 한다.

단순히 'ㅇㅇ을 했다'라고 적는 게 아니라 '××를 위해 ㅇㅇ했다'라고 적기 때문에 글자 수가 늘어나게 된다.

그러므로 행동 기록은 너무 쌓이지 않도록 1, 2시간에 한 번 정도는 적기 바란다.

그렇게 하면 메모 분량이 한 줄 정도밖에 되지 않으므로 업무 중에 컴퓨터에서 눈을 떼었을 때, 이야기를 하던 상대가 화장실에 갔을 때 등 10초 정도의 시간에 틈틈이 메모를 할 수 있다.

굳이 행동을 완료한 다음에 적을 필요는 없다. 어떤 행동이 끝날 때까지 기록하지 않으면 쓸 내용이 쌓여서 '으음, 지금까지 뭘 했더라?'라는 식으로 기억을 떠올리기도 쉽지 않다. 그러므로,

- 14:16 점심으로 유부 우동, 이번 달 비용 입력 작업을 개시.
- 15:31 비용 입력 작업을 계속하다 졸음이 와서 커피, 잠시 잡담.
- 16:24 입력 완료, 출력해서 파일에 철을 했다.

와 같이 '행동의 일단락'에는 신경 쓰지 않고 어디까지나 '메모를 하기 전까지 무엇을 했는가?'만을 담담히 메모한다.

위의 메모를 보면 14시경부터 16시 반까지 입력 작업을 했음을 알 수 있다. 이것으로 충분한 것이다.

행동이 일단락된 시점에 기록을 하려고 하면 뭘 했는지 잊어버리거나 메모하기가 귀찮아지기 마련이다. 그보다는 문득 생각이 났을 때 간단한 메모를 남기는 편이 가벼운 마음으로 기록을 계속할 수 있다.

✕ **메모를 계속하기 힘들다** ······자기 전, 점심시간, 용무가 일단락된 시점

◯ **메모를 계속할 수 있다** ······집중이 풀렸을 때, 화장실에 갔을 때, 멍하니 있을 때, 전철을 기다릴 때

시간 정보는 '까지 로그', '지금 로그', '부터 로그'로

어떤 행위에 사용한 시간을 기록으로 남기는 것은 의외로 쉬운 일이 아니다.

예를 들어 17시경에 지금까지 한 작업을 기록하려고 할 때, '어라? 내가 14시에 시작을 했던가, 아니면 15시에 했던가?'라고 헷갈리게 된다. 이렇게 기억을 더듬어야 한다면 기록을 계속할 수 없다.

그렇다면 시간을 어떻게 기록해야 할까?

내가 추천하는 방법은 '까지', '지금', '부터'라는 말을 사용해서 현재 시각만을 메모해 놓는 방법이다.

다시 말해 '11:15~12:30 JR로 오사카→교토, 버스로 히가시야마에, 12:30~12:45 점심으로 쇠고기 덮밥@나카우, 13:00~14:30 국제 평화 박물관을 견학'과 같이 시간을 어떻게 사용했는지 기억해 내면서 쓰는 것이 아니라 다음과 같이 항목별로 나열한다.

전철에서 내릴 때와 점심을 주문하고 기다릴 때, 시설에 들어갔을 때, 버스를 기다릴 때 등의 시간에 주머니에서 노트나 메모장을 꺼내서 조금씩 메모해 두는 것이다.

틈틈이 적어 놓기만 해도 '몇 시부터 몇 시까지 무엇을 했는가?'를 알 수 있다.

이것을 나는 '까지 로그', '지금 로그', '부터 로그'라고 부르며 행동 기록에 시간을 적을 때의 기본으로 삼고 있다.

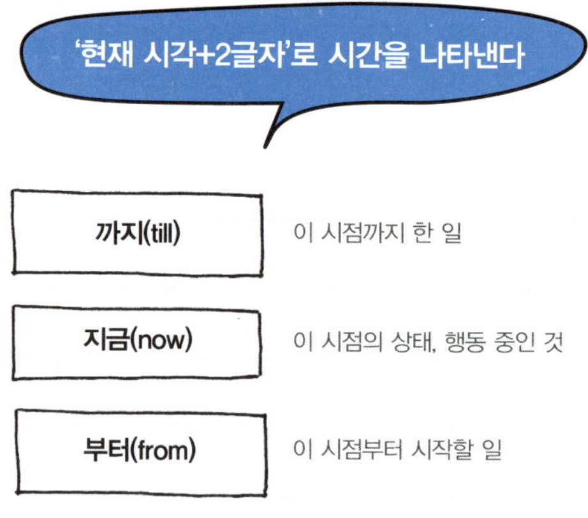

‘11:15~12:30’이라는 형식으로 행동 기록을 적으려면 몇 시에 그 행동을 시작했는지 떠올려야 한다. 그에 비해 이 방법은 항상 현재 시각만을 메모하면 된다.

전에 한 메모부터 지금까지 한 일을 적을 때는 ‘까지’

지금 이 순간의 상황이나 하고 있는 일을 적을 때는 ‘지금’

지금부터 시작할(시작되는) 일을 적을 때는 ‘부터’

를 시각 뒤에 붙인다.

시각에 뒤에 그저 두 글자를 더 쓰기만 해도 간단하고 알기 쉽게 행동 기록을 메모할 수 있는 것이다.

'번갈아 쓰기'로 행동과 생각을 적는다

나는 앞에서 '·'과 '@', '☆' 같은 기호를 사용한 행동 기록을 이 야기했다.

'·'……객관적 사실

'@'……장소

'☆'……자신의 의견, 감상

이런 식으로 '색인 기호'를 결정해 놓으면 쓸 때도 편하고 나중에 노트를 펼쳤을 때도 읽기가 수월해진다.

나는 그 밖에도,

'Ⓦ'……함께 한 사람을 나타낸다

'Ⓡ'……읽은 책을 나타낸다

등을 사용해 보기도 했는데, 기호가 너무 많으면 복잡해지기 때문에 이 세 종류를 주로 사용하고 있다.

그중에서도 여러분이 꼭 사용해 봤으면 하는 것은 '☆'이다. 시각과 행동 기록 뒤에 '☆' 기호를 사용해 자신의 감정이나 생각을 간략하게 적어 놓으면 그때의 상황을 더욱 잘 이해할 수 있다.

· 22:00까지, 밥, 돼지 불고기, 무와 브로콜리 볶음, 호박 된장국, 맥주@집.

☆사흘 만에 마시는 맥주는 특히 맛있다. 밖에서 맛있는 맥주를 마시기 위해 집에서는 맥주를 마시지 말도록 할까?

· 23:30까지, 목욕, 텔레비전 '세계 다큐멘터리' 이슬람 원리주의 테러리스트를 밀착 취재.

☆이 시리즈는 참 재미있다. 매일 자동으로 녹화되도록 설정할 수 없을까? 아랍과 관련된 르포를 좀 더 읽고 싶다.

이런 식으로 여유가 있을 때는 '행동'과 '생각한 점'을 번갈아 적어 놓는다.

이렇게 행동 기록에 생각한 바를 덧붙이게 되면 나중에 다시 읽었을 때도 자신의 행동이 확실히 더 실감 나게 느껴진다.

인과 관계는 '→'를 사용해 약기·축기한다

행동의 이유와 목적, 고유 명사 등 상세한 내용을 남겨 두면 편리하다.

다만 그렇다고는 해도 많은 글을 쓰는 것은 귀찮은 일이다. 역시 최대한 생략해서 글자 수를 줄이는 편이 낫다.

옛날 수학 시간에 배운 '∴'(따라서), '∵'(왜냐하면)과 같은 기호를 사용해 생략하는 방법도 있지만, 이 두 가지는 시인성이 떨어지고 금방 이해가 되지 않기 때문에 나는 '→'를 자주 사용한다.

'비가 왔다→세탁물을 걷었다.'

'약속 전화→답신 메일 작성'

과 같이 인과 관계를 나타내는 것이다.

이 '인과 관계를 나타내는 화살표'의 좋은 점은 문장을 생략할 수 있을 뿐만 아니라 이유나 원인을 자유롭게 덧붙일 수 있다는 것이다.

'12:35까지, 다이아사의 이치카와 씨가 전화. 사진의 앵글이 나

쓰다고 해서 자료 사진을 다시 찍음'

이것을 화살표를 사용해 생략하면 다음의 두 패턴이 된다.

· 12:35까지, 다이아사의 이치카와 씨가 전화 "사진 앵글이 나쁘다."→ 자료 사진 재촬영

· 13:35까지, 자료 사진 재촬영←다이아사의 이치카와 씨가 전화 "사진 앵글이 나쁘다."

바로 1시간 정도 전에 한 행동임에도 쓰는 도중에 '아, 맞다. 그 사람한테 전화가 와서 이걸 한 거지'라고 기억을 떠올리는 경우가 종종 있다.

그럴 때는 지우거나 문장을 삽입하지 않고 메모 끝에 '←'를 붙인 다음 그 원인이나 계기를 적어 놓는다.

화살표만 그리면 나중에 노트의 여백에 덧붙일 수도 있으므로, 기억해 두면 쓸모가 많은 표기법이다.

'구분선'을 적절히 활용해 정보량을 늘린다

나는 하루에 쓰는 라이프 로그 노트의 분량이 일정하지 않다. 적을 때는 1페이지 이내, 많을 때는 5, 6페이지에 이르기도 한다.

라이프 로그 노트에는 행동 기록 외에 책의 내용을 발췌하거나 전화 메모 등을 적기도 한다. 또 사진이나 엽서를 붙이기도 하기 때문에 노트 안은 다음과 같은 순서가 된다.

아침의 행동 기록―전화 메모―오전 중의 행동 기록―신문 기사 스크랩―독서 메모…….

노트 한 권에 시간순으로 메모하기 때문에 행동 기록 사이에 각종 메모와 자료가 들어가는 것이다.

다른 사람이 보면 정보가 뒤죽박죽 엉망이 된 것처럼 보일지도 모르지만, 사용하는 사람은 시간 순으로 적는 편이 더 알기 쉽다. 정보가 단 하나의 타임라인 위에 나열되기 때문에 언제 전화를 했는지, 언제 우편이 도착했는지 일목요연하게 보이게 된다.

다만 문장이나 자료가 죽 나열되어 있으면 단락을 알기가 어려우므로 '구분선'을 사용한다.

앞쪽의 예에서는 '—' 부분이 '단락'으로, 아래의 그림처럼 페이지 왼쪽 끝에서 오른쪽 끝으로 가로선을 하나 그어 둔다. 그리고 아침에 일어나 어제 잠든 시간과 아침에 먹을 메뉴를 적을 때 이중 구분선을 긋는다. 하루가 지났음을 나타내는 것이다.

또 주가 바뀌었을 때는 물결선을 사용하는 등, 너무 복잡해지지 않는 범위에서 여러 가지 '구분선'을 적절히 활용하면 알기 쉬운 노트를 만들 수 있다.

'하루에 X페이지 방식'으로 사용한다

매일의 행동 기록이나 메모의 양이 들쭉날쭉한 사람은 '하루에 X페이지 방식'으로 라이프 로그를 기록하는 것도 하나의 방법이 될 수 있다.

다이어리나 일기장에, 하루에 한 페이지씩 행동 기록을 적을 수도 있다. 어느 정도 매일 메모를 하는 사람에게는 매우 알기 쉬운 방식이다.

물론 일반적인 노트를 하루에 한 페이지씩 사용할 수도 있다. 예를 들어 A6 노트에 한 페이지마다 날짜를 적으면 그다지 부담은 없을 것이다.

또 반으로 접거나 줄을 긋고 하루에 반 페이지만 쓰거나 하루에 두 페이지를 쓰는 등 직접 규칙을 만들어서 사용할 수도 있다.

다만 이 경우는 기성 제품보다 날짜가 눈에 잘 안 들어온다는 단점이 있다. 손으로 날짜를 적으면 자신이 쓴 글자에 묻혀 잘 보이지 않는다. 그럴 때는 손으로 날짜를 적는 대신 빨간 잉크로 날짜 스탬프를 찍거나 핑크 또는 노란색 마스킹 테이프를 붙이고 그 위에 날짜를 적는 등 눈에 잘 띄게 할 방법을 궁리해 봐도 좋을 것이다.

날짜를 눈에 잘 띄게 하는 방법
노란색 마스킹 테이프에 유성 볼펜으로 날짜를 적었다. 형광펜 등으로 강조하는 것보다 날짜가 눈에 더 잘 들어온다.

필기구도 적절히 구분해 사용한다

　기분에 따라 만년필과 볼펜을 골라서 적절히 활용해도 그때의 심리 상태나 상황을 잘 알 수 있다.
　즉 '분위기'가 남는 행동 기록이 된다.
　나는 마음이 여유로울 때는 만년필로 정성껏 글을 쓰거나 책의 감상을 적는 경우가 많다. 예전 노트를 뒤적여 보면 두세 달에 한 번 정도는 문장에 신경을 쓰며 '일기'를 쓰기도 했다.
　반대로 바쁜 상태가 이어지거나 걱정거리가 있어서 안정이 되지 않을 때는 볼펜으로 크기도 제각각이고 삐뚤삐뚤하게 글자를 쓴다. 또 집안에서는 연필로 메모할 때도 있다.
　이렇게 '어떤 필기구를 가지고 어떤 식으로 메모를 했는가?'도 많은 것을 말해 준다.
　아는 사람 중에 항상 침대 옆에 애용하는 만년필을 놓아두고 매일 자기 전에 생각을 메모하는 사람이 있다. 그 사람에게는 '만년필로 쓴 글=침대에서 쓴 메모'라는 표시인 것이다.
　이처럼 장소별로 필기도구를 구분해서 사용하기만 해도 행동 기록의 정보량을 크게 증가시킬 수 있다.

그러면 노트를 다시 읽을 때 페이지에 적힌 글자의 분위기에서 '이 무렵에는 참 힘들었구나. 벼랑 끝에 몰린 심정이었어'라는 것을 기억해내는 등, 라이프 로그 노트가 과거에 자신이 놓였던 상태를 더욱 생생하게 말해 주게 된다.

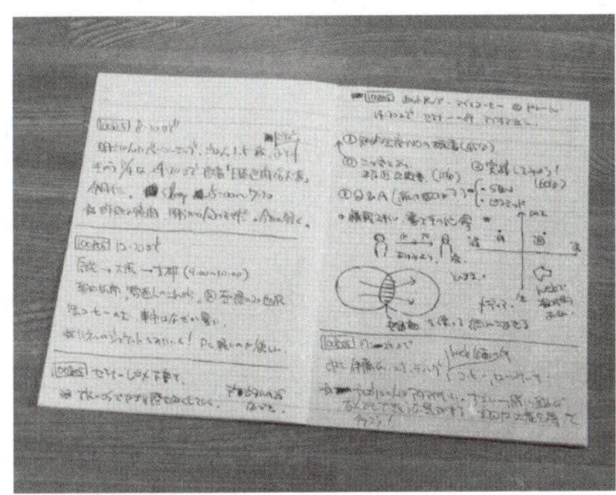

필기도구를 바꿈으로써 정보량을 늘린다

필자는 연필을 가지고 다니지 않기 때문에 연필로 쓴 부분은 집에서 쓴 것임을 금방 알 수 있다. 만년필로 쓴 부분은 여유가 있을 때, 볼펜으로 쓴 부분은 외출 중이나 업무 중에 쓴 것이 많다.

붙이면 10배 더 즐거워진다

이 책에서는 행동 기록의 메모와 함께 다양한 자료를 붙여서 '생생한 자신'을 시간순으로 남기는 것을 라이프 로그라고 부르고 있다.

그렇다면 왜 메모만으로는 부족하다고 할까?

그 이유는 재미가 없어서 오래 계속할 수 없기 때문이다.

웃옷에 들어가는 크기의 평범한 수첩이나 다이어리를 사서 가지고 다니며 행동 기록을 작은 글자로 자세히 적는다면 '라이프 로그'를 기록할 수는 있을 것이다.

그러나 그것을 장기간 계속하기는 상당히 힘들다. 항상 자신을 관리하는 듯한 느낌이 들어 갑갑해질지도 모른다.

그에 비해 노트를 가지고 다니며 원하는 만큼 자유롭게 메모하고 일상 속에서 접하는 각종 종잇조각을 붙이려면 펜도 필요하고 풀도 필요하며 가위도 써야 한다. 여기에는 콜라주 노트를 만드는 듯한 즐거움이 있다.

또다시 읽을 때도 붙여 놓은 자료가 많은 것을 이야기해 주기 때문에 진지하게 읽지 않아도 된다는 장점이 있다.

쓰기와 함께 붙이기까지 한다면 왠지 번거로울 것 같지만, 기록에서 다시 읽기까지 종합적으로 고려하면 오히려 작업이 편해지는 방법이라고 생각한다.

가위로 오리고 풀로 붙이는 작업을 하면 손으로 글씨를 쓰는 것과는 또 다른 자극을 얻을 수 있을 것이다. '붙이기'는 라이프로그 노트 만들기의 '레크리에이션성'을 높여 준다고 할 수 있다.

귀찮은 행위를 '오락'으로 바꾸고 다시 읽기를 포함한 라이프로그 노트 시스템을 지속시키기 위해서라도 노트는 붙이면서 사용해야 한다.

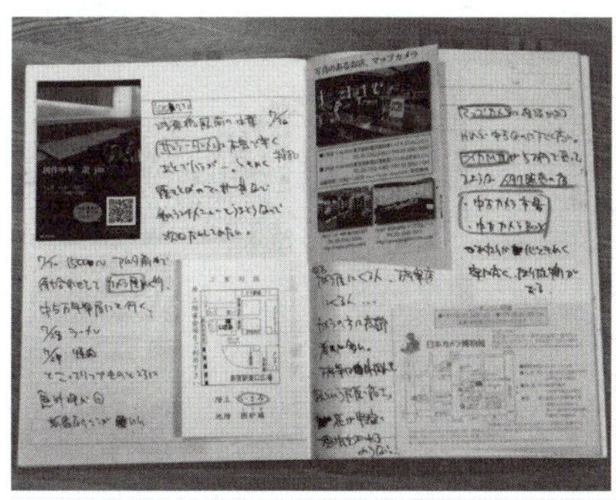

'붙이기' 때문에 노트 만들기가 즐겁다
마음에 든 가게의 숍카드를 입수하거나 팸플릿의 어디를 오려서 어떻게 붙일지 고민하는 것 자체가 인생의 즐거움을 늘려 준다.

폴라로이드로 간단 육아 일기를

우리 집 아이는 2009년에 태어났다.

너무 귀여워서 처음에는 글로 육아 일기(라기보다는 육아를 살짝 돕는 아빠의 일기)를 써 볼까 생각해 며칠 동안 계속했는데, 결국 귀찮아서 작심삼일이 되어 버렸다.

아이와 노는 쪽이 더 즐겁기 때문에 일기 쓰기는 아무래도 뒷전으로 밀려나고 말았다.

그래서 일기 대신 시작한 것이 아이가 있는 방에 '폴라로이드 TWO'를 준비해 놓고 매일 반드시 사진을 찍어 붙이는 방법이었다. 그리고 붙인 사진 옆에는,

'장난감 피아노를 줬더니 대흥분. 악기는 참 대단하다.'

'처음으로 토마토를 줘 봤다. 복잡한 표정이다……. 시어서 그런가?'

'주변 물건을 잡고 일어설 수 있게 되자 자신만만한 표정!'

등 코멘트를 적어 놓았다.

폴라로이드는 컴퓨터나 케이블이 필요 없이 즉시 인쇄할 수

있다. 게다가 명함 사이즈라는 크기도 노트에 붙이기 딱 안성맞춤이다. 나는 곁에 항상 카메라를 놓아둠으로써 아이의 변화나 성장한 부분을 발견하려는 의지를 가지게 되었다.

또 베란다에서 키우는 꽃도 매일은 아니지만 역시 라이프 로그 노트에 디지털 카메라 사진을 붙여서 기록하고 있다. 붙인 사진 옆에 한마디를 덧붙이면 귀찮은 '관찰 일기'도 계속할 수 있게 된다.

육아 기록에 대활약하는 '폴라로이드 TWO'

이것 한 대로 사진을 찍어서 명함 크기의 인화지에 인쇄할 수 있다. 가족 사진을 붙여 놓으면 노트에서 단숨에 친근감이 느껴진다. 여행이나 파티에서 찍은 사진을 나눠 줄 때도 편리하다.

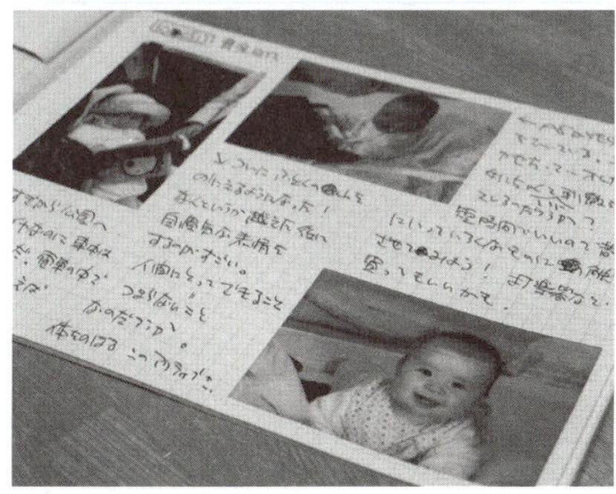

노트에 사진을 붙이면 육아 기록이 된다

사진을 붙이고 코멘트를 달기만 하면 된다면 게으른 사람이라도 계속 할 수 있다. 나중에 다시 읽을 때 마음에 드는 사진을 발견하면 기분이 좋아진다.

'모아 찍기 인쇄'로 하루의 흐름을 남긴다

휴대폰이나 디지털 카메라로 하루에 여러 장의 사진을 찍었을 때는 '모아 찍기 인쇄'를 해서 노트에 붙이는 방법을 추천한다.

'모아 찍기 인쇄'는 한 장에 복수의 사진을 프린트하는 방식이다. 집에서 컬러프린터로 출력하거나 근처 사진관에서 출력할 수 있다.

나는 인화지 1장에 6컷이나 8컷 모아 찍기를 주로 한다. 하지만 모아 찍기 인쇄에 가까운 '인덱스 프린트'(더 뽑을 사진을 지정하기 위해 한 장에 사진을 20장씩 출력하는 것)는 사진이 너무 작아서 그다지 권하지 않는다.

라이프 로그 노트에는 모아 찍기 인쇄가 안성맞춤이다.

일반 사진 크기의 인화지에 여러 장의 사진이 시간순으로 나열되어 있는 것을 노트에 붙여 놓으면 그날 들른 장소나 행동의 순서 등을 생생하게 떠올릴 수 있다.

나는 산행이나 당일치기 나들이 등을 가서 하루에 기록용 사진을 많이 찍었을 때는 모아 찍기 인쇄를 한다. 한 장씩 출력하고 붙이려면 정리하는 데 많은 시간과 수고가 필요하지만, **모아 찍기 인쇄를 하면 많은 사진을 단 몇 장 속에 담을 수 있어 편리하다.**

촬영 일시와 파일명이 표시되도록 설정해 인쇄하면 찍어 놓고 끝이 아니라 컴퓨터에서 사진을 다시 찾아볼 수도 있을 것이다.

'모아 찍기 인쇄'한 사진을 붙인다

출장을 갔을 때 찍은 사진을 한 장에 8화면으로 인쇄했다. 방문 장소별로 두 장씩 인쇄하거나 오전과 오후별로 세 장씩 인쇄하는 등 사진을 어떻게 구성할지 궁리하면 그날의 인상을 더욱 생생하게 남길 수 있다.

대미를 장식하는 '기념 스탬프'

노트에 스탬프를 찍어 놓는 것도 당시의 분위기를 상징적으로 남길 수 있는 방법이다.

나는 출장 또는 볼일로 미술관·박물관에 가면 반드시 노트에 스탬프를 찍는다.

예를 들어 친구와 놀러 나갔을 때는,

'13:21까지, 혼다와 만나기 위해 오사카 역에서 만국 박람회 기념 공원으로'

라고 메모한 다음 근처의 '관광 안내소'에서 기념 스탬프를 찍는다. 그리고 미술관이나 박물관, 인물 기념관 같은 곳에도 스탬프가 있으면 반드시 노트에 찍는다.

이렇게만 해도 행동 기록에 시각적인 이미지가 더해져 강한 인상을 남길 수 있다.

휴일에 박물관에 가면 먼저 스탬프를 찍는다. 돌아오는 전철에서는 행동 기록을 적고, 집에 돌아오면 특별전의 전단지나 입장권, 인쇄한 사진을 붙이고 코멘트를 단다.

이와 같이 '글쓰기+자료+스탬프'를 조합해 기록을 남기면 노트 작성 작업에 다양성이 생기기 때문에 지겨워지지 않는다.

작업을 통해 체험을 되새길 수 있을 뿐만 아니라 다시 읽기도 더욱 즐거워질 것이다.

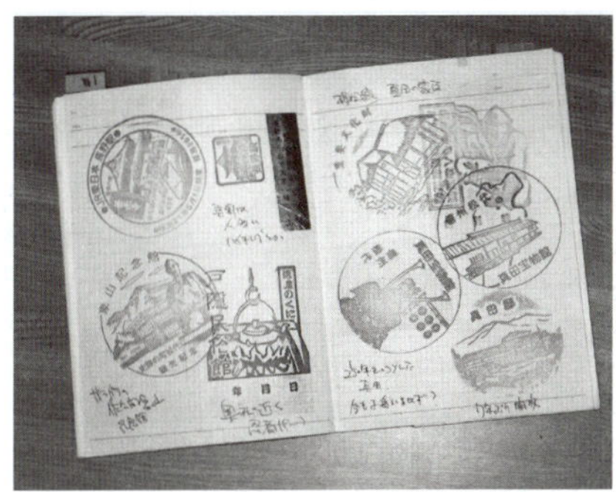

기념 스탬프는 반드시 찍어 둔다

잉크가 잘 스며드는 종이 커버라면 스탬프를 노트의 표지에 찍는 것도 방법이다. 관광 시설이나 박물관 등에 가면 잊지 말고 기념 스탬프를 확인해 찍어 두자.

표지에도 이것저것 붙여서 '캐릭터'를 만든다

붙이기는 노트 속에만 하는 것이 아니다. 노트 속에 자료를 붙이는 김에 표지에도 사진이나 잡지를 오려 붙이면 라이프 로그 노트를 더욱 자신만의 것으로 만들며 즐길 수 있다.

내 경우는 사진이나 우표를 자주 붙인다.

대형 뉴스가 터졌을 때의 신문 사진을 비롯해, 〈내셔널 지오그래픽〉에 있는 벌레나 개구리의 사진, 편지 봉투에 붙어 있는 기념우표 등을 가위로 오려서 표지에 풀로 붙인다. 이렇게 하면 획일적인 노트 표지에 캐릭터를 부여할 수 있다.

예를 들어 내가 지금 사용하는 라이프 로그 노트의 표지에는 신문에서 오려낸, '간 나오토 총리가 선거 포스터 앞에서 고개를 떨어뜨리고 있는 사진'이 붙어 있다. 이것을 보면 '아, 이건 2010년 참의원 선거 무렵에 쓴 노트구나'라는 것을 알 수 있다.

그리고 당시 내가 선거 결과를 보고 무슨 생각을 했는지도, 무엇을 했는지도 신경이 쓰여 노트를 펼쳐 보고 싶어진다.

사실 노트의 표지에는 유성 매직으로 사용 기간을 적어 놓았다. 그래서 설령 사진이 없더라도 '참의원 선거 무렵에 쓴 노트구나'라는 것은 조금만 생각하면 알 수 있지만, '어떤 일이 있었을 때 쓴 노트인가?'를 떠올리는 속도는 날짜를 보고 생각하는 경우보다 사진이 훨씬 빠르다.

또 폴라로이드나 모아 찍기 인쇄를 한 사진이 붙어 있으면 '아, 여행을 갔을 때 쓴 노트구나'라는 것도 노트를 보는 순간 알 수 있다. 이것은 특별히 의도했다기보다 그저 마음에 드는 사진을 표지에 붙이다 보니 그런 효과도 생겼을 뿐이다.

몇 번을 말했듯이, '노트=나의 분신'이다.

이것은 감각적으로는 여행용 가방에 호텔이나 항공 회사의 스티커를 잔뜩 붙이는 것과 비슷하다. 그것이 '공간을 여행한 기념'이라고 한다면, 라이프 로그 노트의 표지에 붙이는 것은 '인생(시간)을 여행한 기념'이다.

여러 가지 사진이 표지에 붙어 있는 노트

소재는 자신이 찍은 사진이나 전시회 전단지, 잡지, 신문, 광고 등 무엇이든 좋다. 이 작업을 하면 일상생활 속에서 좋아하는 사진이나 그림, 디자인을 찾는 것이 즐거워진다.

책의 띠지

　얼마 전까지만 해도 나는 구입한 책의 띠지를 그냥 책에 끼워져 있는 채로 놔두고 있었는데, 지금은 노트에 붙여 놓는다. 책을 사 가지고 오면 좌우의 접힌 부분을 자르고 노트에 붙인다.

　이렇게만 해도 라이프 로그 노트가 상당히 재미있어진다. 노트를 한 장 한 장 넘기다 보면 책의 띠지가 나온다. 그것을 보면,

　'아, 그러고 보니 부동산에 관심이 많았던 적도 있었지.'

　'맞아. 이 카메라 책을 읽고 동백나무를 촬영하러 가기로 결심했지.'

　'트래킹 책도 사 놓고는 아직 펼쳐 보지도 않았네.'

와 같이 책을 산 동기와 그때 생각했던 바를 금방 기억해낼 수 있다.

　독서 노트에는 책을 다 읽은 뒤의 감상이 적혀 있으며 게다가 시각적인 요소가 없기 때문에 이런 효과를 기대할 수 없다.

　즉 라이프 로그 노트에 책의 띠지가 있으면 당시 '무엇에 관심이 있었는지', '무엇을 하고 싶었는지' 같은 머릿속의 생각을

좀 더 직감적으로 알 수 있게 된다.

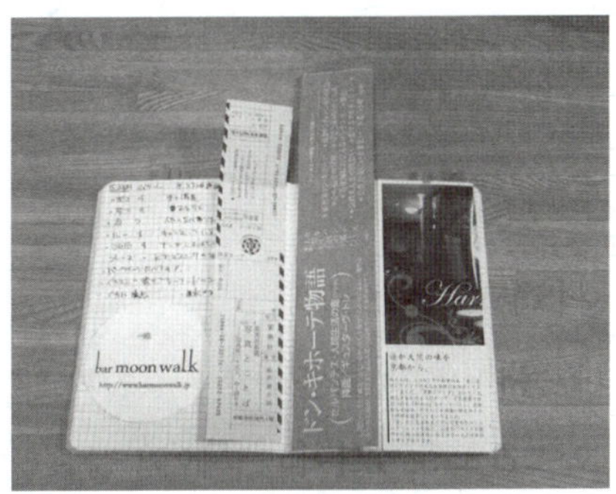

책을 샀으면 띠지를 붙여 놓는다

띠지를 붙이면 그 책을 사서 읽었음을 나타내는 좋은 기념이 된다. 대개 책의 띠지에는 제목이 일부밖에 남아 있지 않음에도 슬쩍 보면 무슨 책인지 금방 기억이 나니 참 신기한 일이다.

패키지, 태그, 설명서

'그렇게 원했던 이걸 드디어 샀어!'

이럴 때는 영수증 외에 상품 태그나 패키지의 일부를 오려서 붙인다.

나는 가전제품 등의 빈 상자는 바로 버린다. 그래서 만일 디지털 카메라를 샀으면 상자는 버리고, 가위로 상품의 사진 부분만 오려서 노트에 딱 붙인다.

이렇게 하면 굳이 새로 산 물건의 사진을 찍지 않아도 이미지를 남길 수 있다.

상자가 없는 양복이나 가방의 경우는 상품 태그가 그와 같은 역할을 한다. 또 과자나 술을 받았을 때는 대개 상자 안에 제조법이나 역사를 해설한 설명서가 들어 있기 때문에 그것을 붙여 놓는다.

만약 이런 것이 전혀 없다면 최후의 수단으로 포장지나 종이봉투의 가게 이름이 들어간 부분을 오리거나 떼어서 노트에 붙여 놓자.

이렇게 상징적인 것을 찾는 행위는 일단 버릇을 들이면 푹 빠지게 된다.

쇼핑을 하고 돌아오는 전철 안에서 '무엇을 붙일까나?' 하고 고민하기 시작했다면, 이제 어엿한 라이프 로그 노트의 달인이 되었다고 할 수 있을 것이다.

종이 상자를 오려서 붙여 놓는다

선물이나 기념품의 자료를 남겨 놓으면 '이번 그 사람의 집에 무엇을 사 가지고 갈까?' 같은 고민을 할 때 힌트도 된다. 사람을 만나는 것과 마찬가지로 좋은 상품과의 만남 역시 소중하게 남겨 두면 도움이 되기 마련이다.

술의 라벨

와인이나 지역 특산주 등의 라벨도 붙여 놓으면 노트가 다채로워진다.

나는 여행을 가면 방 안에서 그 지역의 특산주를 자주 마신다. 물론 라이프 로그를 정리하면서다.

잠을 잘 때는 욕탕이나 세면대에 뜨거운 물을 받아서 라벨이 잠기도록 넣어 둔다. 그리고 다음날 일어나면 편지봉투에서 우표를 떼는 요령으로 깔끔하게 벗겨 낼 수 있다. 그런 다음 타월로 수분을 제거하나 드라이어로 말리면 완벽해 진다.

맛있었던 청주의 라벨

뜨거운 물에 하룻밤 정도 담가 놓으면 병에서 저절로 떨어진다. 노트에 붙여 놓은 라벨을 보면 '이 술 참 맛있었지'라는 생각에 행복해진다. 어쩌면 포도주 산지 등의 공부도 될지 모른다.

손이 좀 많이 가기는 하지만, 그만큼 강한 인상이 남는다. 여행 중에 본 명소나 풍경보다 술을 마신 기억이 더 강하게 남을 정도다.

노트에 붙인 라벨이 그 여행의 상징, 아이콘이 되는 것이다.

주말에 집에서 조금 좋은 술을 마셨을 때도 꼭 라벨을 떼어 보기 바란다. 보기만 해도 마음이 여유로워진다.

사용한 우표, 엽서, 편지 등

라이프 로그 노트에 지인에게 받은 편지나 엽서도 함께 붙여 놓으면 좋을 것이다. 받았을 때 바로 붙이면 정리하는 수고도 덜 수 있고 답장도 잊어버리지 않는다. 게다가 가지고 다니게 되기 때문에 외출지나 여행지에서 갑자기 시간이 생겼을 때 답장을 쓸 수도 있다.

또 소인이 찍힌 기념우표는 봉투째 오려서 표지에 붙여 놓으면 좋을 것이다. 우표의 디자인은 잘 보면 매우 재미있다. 우표를 노트에 붙이기로 결정해 놓으면 편지를 받는 것이 즐거워진다.

사용한 우표나 엽서 등

기념우표는 편지의 존재를 떠올리게 하는 열쇠가 될 뿐만 아니라 디자인에 시대성이 반영되어 있기 때문에 되도록 떼어서 붙이기 바란다. 가게의 종이 컵받침도 강력한 상징이 된다.

그리고 표지에 붙인 기념우표는 '이 노트 안에 편지가 있다'는 것을 말해 주는 표시도 된다.

그 밖에 영화 티켓, 카페의 종이 컵받침, 신문 광고, 호텔의 안내 소책자, 관광 안내 지도 같은 인쇄물이나 동전같이 납작한 것을 테이프로 붙여도 좋을 것이다. 이런 것들을 잔뜩 붙이고 행동 기록도 많이 적어서 강렬한 인상이 되살아나는 특별한 '여행 버전' 라이프 로그 노트를 만들어 보자.

part four

무엇을 노트에 남길까?

'좋은 과거'를 가지는 것은 인간이 살아가는 데 의외로 중요하다. 라이프 로그 노트를 통해 행동을 고치는 것도 중요하지만, 다른 한편으로 다른 사람에게 즐거움을 주며 즐겁게 살기 위해서는 자신이 즐거웠던 기억을 계속 가질 필요가 있다. 과거의 자신에게 위로를 받고 격려를 받아 어려움을 견뎌낼 수 있다.

먼저 '평범한 생활'을 그대로 기록해 본다

지금까지 라이프 로그 노트를 계속할 수 있는 '기록' 방법을 소개했다.

기록할 때 가장 중요한 포인트는 '인생을 있는 그대로 '분위기'가 남도록, 또다시 읽기가 즐거워지도록 궁리해 적고 자료와 물건을 붙인다'는 것이었다.

그렇다면 구체적으로 자신의 '인생 자체'를 기록하기 위해서는 어떤 내용을 적고 무엇을 붙여야 할까?

이 장에서는 내가 실제로 라이프 로그 노트에 무엇을 기록하고 또 수록하고 있는지 소개하면서 여기에서 얻는 효과를 살펴보도록 하겠다.

수면과 먹고 마시기 - 기본적인 것부터 자신을 안다

　라이프 로그 노트에 최소한 이것만큼은 적어야 할 것이 있다면 바로,

- 취침, 기상 시각

- 먹고 마신 것(품목과 양)과 그 시각

같은 생활 속의 가장 기본적인 정보다.

　내가 처음으로 '라이프 로그'라는 것을 의식한 계기도 이 수면 시간과 먹은 음식의 기록이었다.

　그전에도 나는 아이디어나 잊지 말아야 할 용건 등을 노트에 적고 있었는데, 기왕 메모를 하는 김에 내가 몇 시간을 자고 무엇을 얼마나 먹으며 술을 어느 정도의 빈도로 마시는지 기록해 파악하는 것도 무엇인가. 의미가 있을 것이라고 생각했다.

　지금도 100퍼센트는 아니지만 일단 낮에 마신 커피까지 확실히 메모하고 있다.

　친구와 한잔 하러 갔을 때는 주문이 기록된 영수증이 있으면 그것을 붙여 놓지만, 없을 경우에는 메뉴를 일일이 기억해낼 수

도 없기 때문에 '23:30까지, 하마다 씨, 마쓰시타 씨와 한잔. (중략)닭꼬치, 오코노미야키 등, 맥주, 소주'라고 대략적으로 적어 놓는다.

또 수면의 경우는 반드시 다음날 아침에 '8:30까지, 수면(24:00~8:00), 낫토, 달걀, 밥, 된장국, 커피'라고 전날의 취침 시각을 아침의 행동과 함께 메모한다.

이 수면과 음식 기록은 그것만으로는 그다지 의미를 지니지 않는다. 매일 회식을 하는 것도 아니며 평소의 식사 메뉴가 그렇게 달라지지도 않기 때문이다.

그래도 담담히 기록해 나가면,

'이 무렵에는 절약에 눈을 떠서 오코노미야키만 만들어 먹었군.'

'수면 시간이 8시간인 날은 역시 기분이 좋아 보이는 글만 적혀 있군. 나는 7시간 수면으로는 부족한 유형인가 봐.'

라고 생각하게 된다.

변화없는 식사나 수면 기록도 점점 의미를 지니게 되는 것이다.

그러면 '날씨'는 안 적느냐고 생각하는 사람도 있을 텐데, 나는 왠지 초등학교 때 숙제로 쓰던 일기가 연상되어 적지 않는다. 꼭 일부러 적지 않아도 특별히 더운 날이나 비가 많이 오는 날에는 '행동 기록'에,

'너무 더워서 죽을 것 같았다. 1리터짜리 페트병을 두 병이나 마셨다.'

'갑자기 비가 내려서 카페로 피신했다.'

같은 메모를 하게 되기 때문에 굳이 매일 날씨를 적을 필요는 없다고 생각한다.

행동과 상황 – 생활에서 풍요로움을 발견한다

수면과 식사보다는 조금 복잡해지지만, 이 두 가지와 함께 기록해야 할 것이 '몇 시까지 어디에 있었는가?', '몇 시까지 무엇을 했는가?'라는 정보다.

수면·음식과 함께 이것을 '쓰기', '붙이기' 기법을 구사해 기록해 놓으면 대체적으로 내가 말하는 '라이프 로그 노트'의 조건을 만족하게 된다.

'행동'은 자신이 한 일이나 쇼핑, 집안일, 볼일, 연락, 놀이, 휴식, 잡담 등을 가리킨다.

· 12:05까지, 다음 주에 하마다 씨와의 토의용 기획서 정리 작업.

· 17:34까지, 쓰레기 배출, 폐종이 배출, 저스코(JUSCO)에서 장보기, 요리.

이렇게 바쁘게 움직이는 것도 '행동'이고,

· 22:45까지, 맥주를 마시면서 NHK 뉴스, 트위터, 야후옥션에서 라이카 물색.

· 11:00까지, 수면(8시간), 카레, 대하드라마 '료마전' 녹화를 보면서 꾸벅꾸벅 졸다가 다시 낮잠.

과 같이 느긋하게 있는 것도 '행동'이다. 이렇게 생각하면 '아무 것도 안 하기 때문에 '행동'으로 기록할 것이 없다'는 것은 말이 안 된다.

그저 제삼자의 눈으로 자신이 무엇을 하고 있는지 관찰해 적는다고 생각하기 바란다.

그리고 '상황'은 자신이 있었던 장소, 가게, 참가한 모임 등이다. 나는 대체로 다음과 같이 '@(앳 마크)'를 사용해 적는다.

· 17:27까지, 《고르고13》, 《북두의 권》을 읽다@인터넷 카페 P 우메다점

· 19:29까지, 정보 정리 세미나에 참석@도쿄 상공 회의소

· 21:24지금, 라이프 로그 책의 원고 작성@도쿄→요코하마 전철 안

행동과 상황을 기록할 때의 요령은 '고유 명사'를 최대한 많이 집어넣는 것이다.

지금까지 예로 든 행동 기록에서도 하마다 씨, 저스코, 료마전, 라이카, 고르고13 등 구체적인 이름을 언급했음을 알 수 있을 것이다.

책을 읽는다, 집안일을 한다 등의 행동은 고유 명사를 적지 않으면 '전철에서 독서', '전철에서 독서', '슈퍼마켓에서 장보기', '슈퍼마켓에서 장보기'와 같이 똑같은 내용만 나열된다.

그렇게 되면 다시 읽을 때 매일 같은 일이 반복되는 것 같아 '뭐 이렇게 똑같은 일만 반복되는 걸까? 정말 따분한 인생이야'라는

불쾌감이 느껴지게 된다. 이런 사태를 막기 위해, 그리고 기록을 하고자 하는 의욕을 유지시켜 주는 조미료로 되도록 고유 명사를 넣는다.

상세한 내용은 기억의 열쇠가 된다. 조금이라도 다른 부분이 있으면 '쓰레기 배출. 옷장 속의 공간을 차지만 하고 있던 옷을 두 봉투나 버렸다!'와 같이 평상시의 행동과 다른 점을 상세하게 남기기 바란다.

✗ 11:19까지 전철 안에서 이메일 보냄

○ 11:29까지 오사카→고베 전철 안에서 모토키 씨에게 이메일, 도쿄 빅사이트에서의 전시회 건

느낀 점, 생각한 것 – 자신의 생각을 만든다

다음은 '느낀 점'이다.

앞에서 소개했듯이 감상을 적을 때는 '☆' 기호를 붙인다. 다만 감상을 적는다는 것이 의외로 만만치가 않다.

나는 '사소한 일에 감동하기'를 생활의 신조로 삼고 있지만, 그래도 "그다지 아무런 느낌이 없는데……."라고 말하고 싶어지는 경우가 더 많다.

그래서 뭔가 쓰고 싶어졌을 때를 제외하면 반복되는 행동은 쓰지 않고 있다. 그 대신 다음과 같은 경우에는 억지로라도 느낀 점을 적어 놓는다.

· 영화나 DVD를 봤을 때

· 여행이나 출장으로 먼 곳에 갔을 때

· 사람을 만나거나 좋은 음식을 먹는 등 첫 체험을 했을 때

· 친구의 결혼 등 주변에 뉴스가 있을 때

· 선거, 역사에 남을 것 같은 사건 등 대형 뉴스가 일어났을 때

이런 경우에 감상을 적어 놓는 이유는 나중에 다시 읽었을 때

즐거워지기 때문이다. 영화 감상을 읽으면 일일이 DVD를 빌리지 않더라도 명장면이나 명대사를 떠올릴 수가 있어서 나중에 도움이 된다.

첫 체험도 감상을 다시 읽으면 그때 느꼈던 새로운 기분을 되살릴 수 있다.

또 뉴스는 나중에 감상과 함께 읽으면 놀랄 만큼 좋은 공부가 된다.

예를 들어 나는 총리가 사임하거나 선거 결과가 나오면 라이프로그 노트에 내가 느낀 점을 적어 둔다. 이것을 다시 읽어 보면 2005년에 고이즈미 전 총리의 우정 민영화 선거 때는 '멋지군! 대단해! 고이즈미는 천재적인 정치가야'라고 적혀 있다.

또 2009년에 여당인 자민당이 패했을 때는 '이제 일본은 틀림없이 변할 거야!'라고 적은 '☆'이 달린 메모가 남아 있다.

이런 것을 읽으면 '당시는 이런 생각을 했구나! 지금하고는 전혀 다르군'이라는 생각에 놀란다. 그리고 동시에 나의 얕은 생각이 창피해져 '좀 더 공부를 해야겠구나'라고 뼈저리게 느낀다.

이와 같이 당장은 '너무 당연해서 굳이 적을 만한 내용도 아니야'라는 생각이 드는 것도 일단 적어 놓으면 나중에 다시 읽었을 때 의외로 도움이 된다.

타인이 아니라 과거의 자신에게 배움으로써 신문 또는 텔레비전에서 보는 평론가들의 말이나 시대의 분위기에 영향을 받지 않는 '진짜 자신의 생각'을 가질 수 있게 된다.

여행·나들이·이벤트 – 라이프 로그 노트의 진수

여행이나 나들이를 갔을 때는 반드시 노트에 기록을 남기자.

그런데 말은 이렇게 해도 외출 중에는 노트를 펼칠 만한 여유가 좀처럼 나지 않는다. 그렇다면 어떻게 해야 기록을 잘 정리할 수 있을까? 나는 다음과 같은 방법을 사용하고 있다.

먼저, 여행이나 나들이를 가기 전날 밤에 미리 조사한 환승 방법, 예습한 내용 등을 노트에 메모하거나 인쇄해서 붙여 놓는다.

나는 백과사전을 애용한다. 사전에서 지명과 사찰, 성 같은 역사적인 건축물, 그 지역에 연고가 있는 역사상의 인물 등을 찾아서 간단히 메모한다.

가이드북을 샀을 때는 그 띠지를 노트의 표지에 붙여 놓으면 좋은 아이콘이 된다.

그리고 외출 중에는 관광 지도나 안내 소책자 같은 자료와 기념 스탬프를 모아 두는 동시에 식사를 할 때 등의 남는 시간을 이용해 메모장에,

라고 틈틈이 메모를 한다.

숙소나 집으로 돌아오는 차 안에서는 모아 놓은 자료를 읽으면서 '버릴 것'과 '붙일 것'을 구분해 놓는다. 그리고 취침 전에는 낮에 한 메모와 '붙일 자료'를 테이프나 풀로 붙이고 코멘트를 단다.

이와 같이 이동 시간에도 조금씩 라이프 로그 노트에 기록할 준비를 하면 돌아온 뒤에 15분 정도의 작업으로 기록을 끝마칠 수 있다. 조금도 번거롭지 않다.

일상적인 행동 기록은 기분에 따라 생략해도 무방하다고 생각하며, 그러는 편이 압박감 없이 메모를 계속할 수 있을 것이다.

그러나 즐거운 이벤트일 때는 '체험한 모든 것을 노트에 적고 말겠어!' 정도의 마음가짐으로 한껏 욕심을 부리는 편이 더욱 이벤트를 즐길 수 있을 것이다.

특히 외국에 갈 때는 꼭 그렇게 해 보기 바란다. 이번에 갈 나라와 관련이 있는 소설이나 수필을 읽고 전자 사전으로 역사를 조사하면서 메모를 하면 순식간에 시간이 지나간다. 기내식 정도밖에 즐거움이 없는 비행기 안의 시간이 매우 유익한 시간으로 바뀌는 것이다.

　‘예습’한 메모에 현지에 도착한 뒤의 행동 기록과 자료가 쌓이면 디지털 카메라로 찍은 사진이나 동영상과는 비교도 되지 않을 만큼 밀도 높은 여행기가 된다.

　돌아오는 비행기 안에서도 여행기에 감상이나 설명을 덧붙이면 순식간에 몇 시간이 지나가, 한숨 자고 일어나면 공항에 도착할 것이다.

여행 뒤에 정리한 라이프 로그 노트

여행 중에는 주머니에 넣고 간 메모지에 여행 기록을 남겼다가 나중에 입장권이나 안내 소책자와 함께 노트에 붙이면 불필요한 작업을 줄일 수 있다. 여행 중에는 되도록 독특한 인쇄물을 모으자.

자신을 밀착 취재하는 다큐멘터리 취재반

이상과 같이 수면과 음식, 행동, 상황, 감상, 그리고 이벤트를 라이프 로그로 남길 수 있다면 '무엇을 했는지 기억이 안 나는 날'은 거의 없어진다. 그러면 '과연 나는 앞으로 나아가고 있는가?' 같은 불안감도 사라진다.

노트에는 24시간 전력투구……까지는 아니더라도 나름대로 열심히 노력하고 있는 과거의 자신이 있기 때문이다.

게다가 이만큼의 기록을 하려고 하면 노트를 손에서 놓는 순간이라고는 목욕을 할 때와 잘 때 정도일 것이다. 밤에 한꺼번에 적는 것이 아니라 자투리 시간에 조금씩 적지 않으면 기억이 나지 않기 때문이다.

이렇게 되면 마치 자신을 다큐멘터리 취재반이 밀착 취재하는 듯한 상황이 된다. 그리고 행동 기록에 좋은 내용을 적고 싶어서 바람직한 행동을 하는 선순환이 만들어진다.

라이프 로그는 '자신'의 다큐멘터리 방송

사회와 세상의 뉴스

또한 일상생활에서는 자신 이외의 사회 배경, 예를 들어 세상을 떠들썩하게 만드는 뉴스 등도 적어 놓자.

얼굴만 클로즈업된 사진보다는 가지고 있는 물건이나 배경 속의 나무, 건물이 같이 찍혀 있는 사진 쪽이 '기념품으로 만주를 받아서 돌아온 졸업식 사진이구나. 이때는 겨울인데도 기록적으로 따뜻해서 벚꽃이 빨리 피었지……'와 같이 여러 가지를 말해 준다. 배경을 기록함으로써 라이프 로그를 더욱 자신을 뒷받침해 주는 존재로 만들 수 있는 것이다.

사회 배경을 기록하는 것은 이와 같은 의미에서 의외로 도움이 된다. 자신이 행동했던 당시의 세상을 알 수 있고, 이와 함께 행동 기록이 그때의 상황을 더욱 잘 이해할 수 있는 '입체적인 정보'가 되어 주기 때문이다.

그렇다면 구체적으로 어떻게 해야 할까? 나는 신문의 사설에서 다룬 소재를 매일 메모해 놓는다. 예를 들어 2010년 6월 21일의 신문 메모는 다음과 같다.

· 닛케이=문학 프리마의 참가자가 증가하고 있다

· 산케이=소혹성 탐사기 '하야부사'의 귀환과 월드컵의 일본 대 덴마크

· 마이니치=일본 대 덴마크

· 아사히=장마

· 요미우리=간 총리의 미래는?

톱기사가 아니라 사설인 이유는, 첫째는 딱히 의식하지 않아도 뉴스의 장르가 적당히 분산되기 때문이다.

1면 톱기사는 국내 정치 뉴스가 대부분이다. 게다가 어떤 커다란 사건이 일어나면 그 정보만 넘쳐난다.

그에 비해 사설은 '무더위가 계속된다'는 기후 이야기부터 문화인의 부고, 국제, 과학, 문화 등 그 주제가 다양하다. 신문사에 따라 약간의 편향성도 있지만, 뉴스 기사보다는 훨씬 다양하다. 사회를 관찰하기에는 안성맞춤이다.

배경 정보는 중요하다. 예를 들어 텔레비전에서 추억의 노래 방송을 봐도,

'단고 3형제 노래가 대히트……오부치 총리의 연립 정권 발족. 도쿄 도지사에 이시하라 신타로(1999년).'

와 같이 큰 글자의 기록과 작은 글자의 기록이 함께 나온다. 그렇게 하는 것이 훨씬 눈에 띄고 생동감 있게 느껴지기 때문이다. 행동 기록 역시 사이사이에 이런 메모가 등장하면 라이프 로

그 노트는 재미있는 읽을거리가 된다.

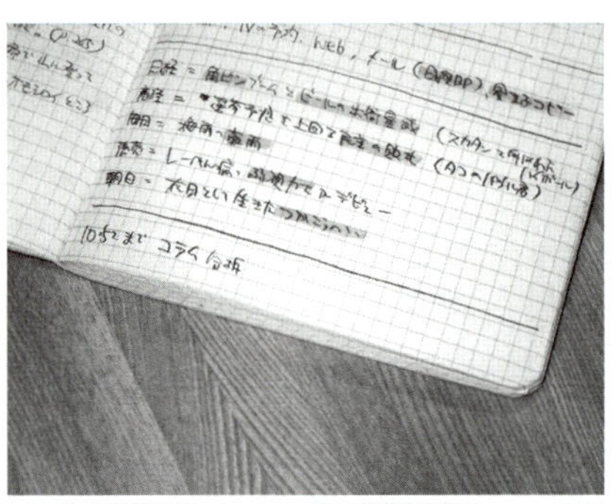

신문 사설의 화제를 관찰

사설은 기사와는 달리 현대를 가장 상징하는 뉴스를 선택하는 경향이 있기 때문에, 여기에서 다룬 화제를 그대로 메모하기만 해도 시대의 스케치가 된다. 그리고 시간이 지남에 따라 행동 기록을 뒷받침하는 '배경 정보'가 되어 다시 읽을 때 도움을 준다.

보고, 듣고, 먹은 것……, '자신'의 모습이 비친다

이와 같이 기본적으로는 무엇이든 적어 두면 된다.

하지만 '나는 그렇게 메모할 만큼 거창한 일은 하지 않는데……'라고 생각하는 사람도 많을지 모른다. 사실 그쪽이 훨씬 정상적이다. 매일 같이 흥분되는 경험을 하는 사람은 거의 없을 것이다.

그러나 잠시 생각해 보자. 여러분은 정말 '판에 박힌 인생'을 살고 있는가? 분명히 아닐 것이다. 완전히 똑같은 인생을 사는 사람은 지구상에 한 명도 없다. 평소에 먹는 식사도, 업무 내용도, 읽는 책도 모두 자신이 선택하고 생각한 결과다. 게다가 조금씩이지만 앞으로 나아가고 있다.

예를 들어 고등학생인 내가 지금의 나를 본다면 "우와! 어떻게 그런 걸 할 수 있지?"라고 감탄하지 않을까?

나는 옛날에 대학 도서관의 컴퓨터로 졸업 논문을 쓸 때 옆자리에 앉은 사람이 자판을 보지 않고 치는 것을 보고 '난 죽어도 저렇게는 못하겠지……'라고 생각했던 것을 지금도 생생히 기억하고 있다.

그러나 지금은 당연하다는 듯이 키보드를 두드리며 이렇게 원고를 쓰고 있다. 긴 시각에서 보면 어떤 사람의 인생이든 변화로 가득할 것이다.

지금 하고 있는 일을 기록하는 것은 스냅 사진을 찍는 것과 비슷하다고 생각한다. 거리를 걷고 있는 사람, 골목길에서 발견한 고양이 등, 촬영자가 찍혀 있지 않아도 사진에는 셔터를 누른 사람의 의식과 마음이 비친다. 어떤 것이든 일단 적어 놓으면 자신을 남길 수 있다.

노트와 연동하는 '기입장'으로 관찰

라이프 로그 노트는 시간 순으로 기록한다.

그러나 몸무게나 프로젝트의 진행처럼 예를 들어 '3개월간의 체중 증감 상황' 같이 정리된 표로 보는 편이 알기 쉬울 때도 많을 것이다. 그런 데이터는 어떻게 기록해서 보기 쉽게 만들어야 할까?

먼저 생각할 수 있는 방법은 컴퓨터나 스마트폰에 입력해 두는 것이지만, 이것은 현실적으로 어렵다. 단말기를 꺼내 파일을 열기가 귀찮아서 데이터를 입력한 파일을 '슬쩍 볼' 기회도 잘 생기지 않는다. 그러다 나중에는 기록하는 것조차 잊어버리게 된다.

내가 제안하는 것은 '기입장'을 컴퓨터로 출력해 노트에 붙여 놓는 방법이다.

기입 형식을 직접 만들어 '라이프 로그 노트'에 붙이거나 끼워 놓고 몸무게나 감상한 영화의 제목, 공부 시간 등을 수시로 적는다. 이렇게 행동 기록 속에 '관찰'할 대상을 몇 가지 뽑아내 기입장에 적어 나간다. 그러면 인생의 타임라인인 '라이프 로그 노트'

에서 **자신의 취미나 행동을 한눈에 파악할 수 있게 된다.**

노트 표지 뒤 등 알기 쉬운 곳에 붙여 놓으면 라이프 로그 노트를 다시 볼 때 금방 눈에 들어와 '이 무렵에는 매일 1시간 반씩 공부를 했구나. 어떤 생활 리듬이었는지 라이프 로그 노트를 보면서 확인하자'라는 식으로 자신의 행동을 바로잡을 계기를 마련할 수도 있을 것이다.

나는 현재 몸무게와 음주의 유무를 기록하기 위해 각각 전용 '기입장'을 만들어 노트에 붙여 놓고 있다. 식사 메뉴와 읽은 책의 제목을 한눈에 볼 수 있도록 기록한 적도 있었다.

'기입장'을 만드는 것은 그다지 어렵지 않다. 캘린더를 복사해 사용하는 방법도 있고, 조금 복잡한 형식도 엑셀을 사용해 15분 정도면 만들 수 있다.

일단 컴퓨터로 만들어 놓으면 날짜만 바꿔서 반영구적으로 사

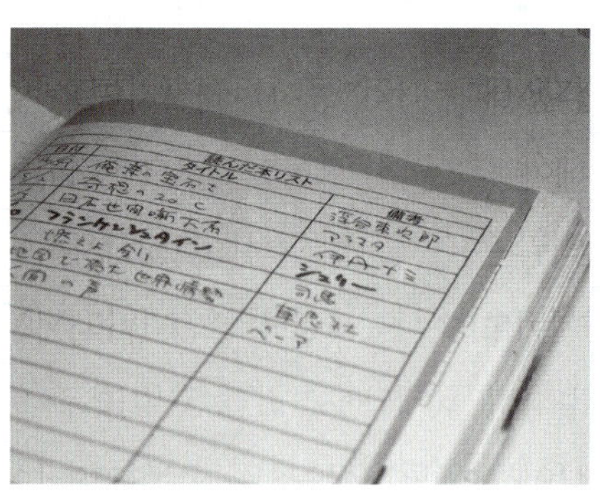

'기입장'을 노트에 붙여 놓는다

읽은 책의 ①다 읽은 날 ②제목 ③비고 (저자명과 출판사명)만을 적어 두는 '기입장'. 표지 뒷면 등 눈에 잘 띄는 곳에 붙여 놓으면 틈틈이 기록하기 편하다.

용할 수 있다.

라이프 로그 노트에 '기입장'을 붙여서 사용하면 더욱 더 자신의 생활 방식에 맞는 자신만의 노트가 완성될 것이다.

기록을 계속하기 위한 대원칙은 '1시트 1주제'

'기입장'을 만들 때 주의해야 할 점이 한 가지 있다.

그것은 '기입장 한 장에 하나의 대상만을 기록한다'는 것이다. 복잡하면 사용하기가 어려워서 금방 그만두기 때문이다. 나도 해 본 적이 있는데,

- 일주일 동안의 몸무게와 먹은 음식을 기록하는 기입장

- 한 달 동안 읽은 책과 본 영화의 제목과 감상을 기록하는 기입장

이와 같은 '복수 주제의 기입장'은 만들려고 마음만 먹으면 얼마든지 만들 수 있다.

그러나 계속하기가 어렵다. 글자를 작게 써야 하며, 나중에 다시 읽을 때도 글자가 빽빽해 볼 생각이 나지 않는다. 게다가 기입장에 쓰는 것이 마치 하나의 업무처럼 느껴져서 한 달 정도 계속하다가 포기했다.

여기에서도 알 수 있듯이, '기입장'은 완벽한 것이 아니라 어디까지나 행동 기록을 보충하기 위한 용도로 단순 명쾌하게 만드는 것이 중요하다.

'했는가, 하지 않았는가?'나 '몸무게는 몇 킬로그램인가?', '책의 제목은 무엇인가?' 등 간단한 데이터를 모으는 것, 즉 '기분 좋게 계속할 수 있을 것'을 중시하며 만들기 바란다. 물론 "책의 제목과 저자명, 짧은 감상을 적을 수 있는 기입장이 좋아."라고 말하는 사람도 있을 것이다. 그러나 기분은 이해하지만 오래 계속하기에는 부담이 너무 크다.

의욕을 유지하며 계속하기 위해서는 간단한 것이 최고다.

예를 들면 다음과 같이 자신을 관찰하고 싶은 내용을 단순하게 담담히 기록하는 것이 최선이다.

[매일 조깅을 하는 것이 목표인 사람]

⇨1년 동안의 날짜가 적혀 있는 'ㅇ×시트'를 노트에 붙여 놓고 조깅한 날에 'ㅇ'를 한다

[다이어트 중인 사람·아이의 성장을 기록하고 있는 사람]

⇨가로축에 날짜, 세로축에 몸무게나 키를 기록한 '그래프 시트'에 매일 몸무게 또는 키를 '점'으로 찍는다

감상이나 함께 있었던 사람의 이름을 적고 자료를 붙이는 식으로 세밀하게 기록하는 것은 '라이프 로그 노트'의 행동 기록에 맡기면 된다.

게다가 단순한 기록이라 해도 '기입장'을 통해 관찰을 하면 과거의 상황을 잘 알 수 있다.

'최근 한 달 동안 운동량이 계속 줄고 있네.'

'요즘 들어서 전쟁 영화만 보고 있으니 일단 목록을 블로그에 정리해 보자.'

'이번 달에는 술을 안 마신 날이 닷새밖에 없네. 이대로는 위험한걸.'

라고 잘못된 행동을 깨닫거나 다음에 무엇을 할지에 대한 아이디어가 솟아난다.

또 다이어트나 공부 등의 경우는 '1시트 1주제'인 편이 기입할 때나 볼 때마다 목적 의식이 스며드는 효과도 있다.

'오늘은 그만 쉬자'는 유혹에 마음이 꺾일 것 같을 때도 기입장을 보면 '지금까지 노력해 온 걸 허사로 만들 수는 없어'라고 생각을 고쳐먹고 행동으로 연결시킬 수 있기 때문이다.

○×시트 - 가장 단순하지만 효과는 크다

간단히 만들 수 있고 계속하기도 비교적 용이하지만 효과는 의외로 큰 것이 '기입장'의 특징이다.

나는 인터넷을 검색해, 연간 캘린더의 PDF를 배포하는 사이트에서 캘린더를 다운로드해 사용한다. 연간 캘린더를 축소 복사하거나 서점의 계산대에서 받을 수 있는 카드형 캘린더를 확대 복사해도 좋을 것이다.

사용법은 간단하다. 캘린더 위에 매일 확인할 사항을 제목으로 적고 날짜에 '○', '×'를 표시해 나간다. 이것뿐이다.

구체적으로 '몇 킬로미터를 달렸는가?', '몇 잔을 마셨는가?' 같은 것을 기록하는 데는 적합하지 않다. 제목은,

· 아침 조깅(한 날은 ○, 하지 않은 날은 ×)

· 술(마시지 않은 날은 ○, 마신 날은 ×)

· 스쿼시(10회 한 날은 ○, 게으름을 부린 날은 ×)

와 같이 쓰면 알기 쉬울 것이다.

놀랄지도 모르지만, 이 '제목'을 처음에 제대로 써 놓지 않으면

잊어버린다. 나는 '어라? 마신 날이 ○였던가, 마시지 않은 날이 ○였던가?'라고 헷갈렸던 적도 있을 정도다. '설마 그걸 잊어버리겠어?'라고 생각하더라도 반드시 제목을 적어 놓기 바란다.

'○×시트'로 행동을 관찰하면 매일의 목표를 어느 정도의 확률로 달성하고 있는지, 어느 정도의 빈도로 그것을 하고 있는지 등을 명확히 할 수 있다.

이렇게 해서 자신의 행동을 알게 되면 '매일 10킬로미터를 달린다', '매일 4시에 일어난다' 같은 무모한 계획은 세워도 의미가 없음을 깨닫는다. 그리고 결과적으로 현실적인 목표를 세워서 매일 계속할 수 있다.

노트에 붙여서 사용하는 '○×시트'

자신의 음주량을 파악하기 위해, 마신 날에는 '×'를, 마시지 않은 날에는 '○'를 한다. 출력과 기입에 많은 수고가 필요하지 않고 결과를 알기도 쉬우므로 추천한다.

그래프 시트 - 작은 변화를 시각적으로 파악할 수 있다

그래프 시트는 방안지처럼 가로축에 날짜, 세로축에 수치 눈금을 그린 것이다. 몸무게나 걸음 수, 횟수 등 '수량'을 기록하는 데 적합하다.

'○×시트'보다 만드는 것이 번거롭지만 '점'을 찍기만 하면 되기 때문에, 일단 만들어 놓으면 계속하기는 어렵지 않다. 나는 엑셀을 사용해 그래프 시트를 만든다.

굳이 그래프로 그리는 이유는 시각적으로 변화를 파악할 수 있기 때문이다.

예를 들어 몸무게는 다음과 같이 '수치'로 적어 놓으면 늘고 있는지 줄고 있는지 금방 눈에 들어오지 않는다.

8월 3일: 61.4 킬로그램, 8월 4일: 61.1킬로그램, 8월 5일: 61.0 킬로그램

그러나 그래프로 그리면 '점'의 위치가 위에 있는지 아래에 있는지를 보고 '흐름'을 읽을 수 있다. 이 경우에는 조금이지만 줄고 있으므로 '식생활을 이대로 유지해도 괜찮다'는 결론이 나온다.

무엇을 관찰하든 가로축은 날짜이지만, 세로축은 대상에 따라 '킬로그램'이 되고 '페이지 수'도 된다. 그러므로 이 '그래프 시트' 도 '1시트 1주제' 원칙을 따른다. '체중과 걸음 수' 등 한 장에 두 가지 꺾은선을 그리는 것은 알아보기가 어려우므로 피하는 편이 좋을 것이다.

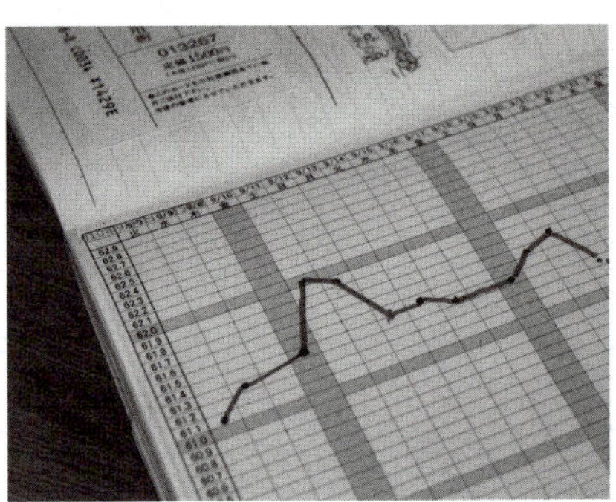

수치의 기록에 적합한 '그래프 시트'
매일 몸무게를 재서 '점'을 찍어 놓기만 해도 증감 경향을 알 수 있는 그래프가 완성된다. 다이어트 중인 사람은 눈금을 100그램 단위로 만들면 작은 감소에도 보람을 느낄 수 있어 좋다.

나의 어떤 하루 - 라이프 로그 노트가 있는 일상

3장과 4장에서는 라이프 로그 노트에 어떻게 적고, 붙이며 무엇을 남기느냐에 대해 설명했다.

먹은 것과 갔던 장소 등의 행동 기록, 그리고 어떤 행동을 관찰하기 위한 '기입장'을 사용하면 '인생을 있는 그대로 노트에 담아나간다'는 느낌에 가까워진다. 당장 시작해 보고 싶어진 사람도 많을 것이다.

그러나 한편으로는 지금까지 비교적 구체적으로 설명했기 때문에 해야 할 것이 너무 많아 보여 '라이프 로그 노트라는 걸 쓰려면 참 바쁘겠구나'라고 느끼는 사람도 있을지 모른다.

다시 한 번 말하지만, 앞에서 소개한 시트도 그렇고 가족과의 대화 메모도 그렇고 모든 것을 기록할 필요는 없다.

나도 여행 중에는 열심히 자료를 모으며, 외출했을 때는 아이의 사진을 찍는다. 그러나 집에 틀어박혀 일하는 날은 먹은 음식과 일의 진행 상태, 신문 사설의 메모 정도밖에 하지 않는다.

시간을 쪼개야 하는 바쁜 일정일 때는 '까지 로그'가 아니라

'10:15~10:32 이마다 씨에게 전화로 기획 건을 확인'이라고 정확히 적는다. 상황에 따라 행동 기록을 메모하는 방식도 바뀌는 것이다.

여러분에게 참고가 되도록 내가 어떻게 라이프 로그를 기록하는지 소개하겠다. 일을 하는 날의 기록은 재미가 없으므로 휴일을 예로 들었다.

✻

아침에 일어나면 먼저 나무에 물을 준다.

그리고 아무런 예정이 없을 때는 느긋하게 아침 겸 점심밥을 먹는다. 거실에 놓여 있는 노트북 컴퓨터로 인터넷 뉴스 등을 보면서 커피를 마시고 가족과 대화를 나누다 보면 '맞다, 행동 기록을 써야지'라는 생각이 든다.

그러나 노트는 가방 안에 들어 있기 때문에 일단 거실에 놓여 있는 메모지에 다음과 같이 적는다.

> · 11:35까지, 수면 9시간(01:00~10:00) 아이 때문에 일어났다. 나무에 물 주기, 아침밥(베이컨으로 계란덮밥), 커피, 인터넷으로 뉴스, 다음 주 귀성 건 등을 이야기하다.
> ☆오랜만에 날씨가 좋으니 꼭 외출을 하자. 이럴 때 재충전을 해야지!

이렇게 '**까지 로그**'와 '**번갈아**'쓰기로 내가 생각하는 바를 포함해 행동 기록을 적는다.

그리고 다음에는 인터넷에서 뉴스를 읽은 김에 나중에 '배경 정보'로 남기기 위해 신문 사설의 주제를 메모장에 옮겨 적는다.

- 닛케이=러시아의 메드베데프 대통령이 스탠퍼드 대학에서 연설 / 체호프 탄생 150년
- 산케이=간 총리의 더듬는 인사말 / 자민당의 니카이도 부총재의 일화
- 마이니치=가자 지구 봉쇄를 UNRWA가 비판
- 요미우리=참의원에서 나온 신조어
- 아사히=한쪽 다리가 없는 개구리가 발견되다

이렇게 메모를 하는 사이에 인터넷으로 주문했던 책이 도착했다. 서점에서 찾을 수가 없어 그저께 주문했던 것이다. 즉시 포장을 뜯어 앞부분만 읽는다.

가방에서 노트를 꺼내 책에서 벗겨낸 **띠지**를 붙이고, 노트를 꺼낸 김에 방금 해 놓은 메모도 함께 붙인 다음 다시 행동 기록을 적는다.

- 12:23까지, 신문 사설을 메모, 독서 《사진과 말》, 녹차.

그리고 어제 술을 마셨기 때문에 **'음주 시트'**에 ×를 했다.

아이와 논 다음 아내와 이야기를 해서 근처의 쇼핑몰에 가기로 한다. 샤워를 하고, 옷을 갈아입고, 외출하는 김에 쓰레기를 내놓는다. 버스에 타고 있을 때는 할 일이 없기 때문에 행동 기록을 적는다. **'그래프 시트'**에 목욕을 하고 잰 몸무게도 기록한다.

> ·13:45까지, 옷을 갈아입고 몸단장, 샤워, 쓰레기 배출, 다이아몬드몰에 가기 위해 버스 안. 독서, 헤밍웨이 《이동 축제일》.
> ☆덥다. 이미 땀으로 범벅이 됐다. 나들이 시즌이라 그런지 여행 가방을 들고 있는 사람도 많다.

내린 역에 **역 스탬프**가 있어서 노트 표지에 찍는다.

역에서 걸어서 쇼핑몰에 도착해 여기저기 상점들을 둘러보다 푸드 코트에서 휴식. 가볍게 간식을 먹고 다시 매장을 돌며 쇼핑을 하는데, 아내가 아이의 기저귀를 갈기 위해 화장실에 간다.

혼자가 되었기 때문에 벤치에 앉아서 노트를 꺼내 다시 행동 기록을 한다.

> ·15:48까지, 다이아몬드몰을 돌아보다. 아이용 장난감 '오볼', 생선용 접시를 구입. 푸드코트에서 다코야키와 콜라.
> ☆너무 흥분했나? 여기저기 볼 게 많다.
> ☆여기 서점은 아이가 놀 수 있는 공간이 있어서 좋다.
> ☆혼자 와도 재미있을 것 같다. 조만간 자전거를 타고 오자.

다시 가게를 돌아보다가 저녁이 되어서 귀가. 집으로 돌아와 한숨 돌린 다음 다시 행동 기록을 한다. 이번에는 장난감에 붙어 있던 상품 태그와 푸드 코트에서 받은 **숍카드** 등을 붙인다. 이어서 '폴라로이드 TWO'로 쇼핑몰에서 찍은 아이 사진을 붙이고 코멘트를 단다.

- 17:25 지금, 귀가.

☆다이아몬트몰에 가기를 잘했다. 아이도 신이 나서 손을 흔들며 즐거워했다. 생일 선물은 이 장난감을 산 가게에서 고르면 될 듯하다. 생일 할인이 10퍼센트나 된다. 그건 그렇고, 온통 아이 천지였다. 다들 생각이 똑같구나.

☆아이 기저귀를 갈아 주고 온 아내에게 '뭐 이리 오래 걸려?'라고 말했다가 혼이 났다. 반성.

☆캘린더에 다음 주 이후의 외출 예정을 적어 놓자.

- 17:37부터, 영화 '글로리'(남북전쟁물)를 본다.

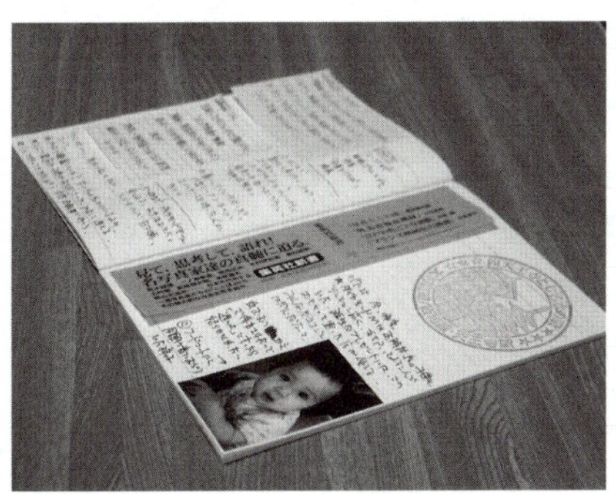

'그날'의 일을 전부 노트에 담는다

메모지에 적은 행동 기록, 책의 띠지, 역 스탬프, 사진 등 다양한 정보가 담긴 노트. 그날의 행동뿐만 아니라 그날 읽은 책, 간 장소, 아이의 사진 등이 조합되어 그날의 '분위기'가 더욱 선명하게 남는다.

사실은 이후에도 기록이 계속되지만, 이런 식으로 이동 중이나 행동의 중간 중간에 조금씩 메모를 한다.

이만큼의 정보가 한곳에 정리되어 있으면 그날의 '분위기'가 그대로 남아 있는, 읽는 재미가 있는 라이프 로그가 된다. 체험한 것을 확실히 자신의 것으로 만들 수 있게 된다.

'좋은 과거'='자신의 역사'를 가지는 안도감

앞에서 소개한 사례는 내 일상 중에서도 상당히 자주 기록을 한 편이다. 바쁠 때나 기분이 내키지 않을 때는 '☆'의 코멘트를 쓰지 않으며, 사진을 인쇄해 붙이지도 않는다.

다만 기분이 좋을 때는 마치 공작에 열중하는 초등학생처럼 '행동 기록'을 적고, 스탬프를 찍고, 철저히 자료를 모아 집에서 열심히 붙이고 코멘트까지 단다.

그 이유는 무엇보다도 작업을 함으로써 즐거움이 더 커지기 때문이다. 앞의 예의 경우라면, 집에 돌아와서 '가기를 잘했어'라고 생각하며 행동 기록을 적을 때 머릿속에서 다시 한 번 쇼핑몰의 체험을 되새긴다.

또 이 기록을 남겨 두면 나중에 다시 읽었을 때 즐거운 기분이 되살아나 싱글싱글 웃을 수 있다.

이런 '좋은 과거'를 가지는 것이 인간이 살아가는 데 의외로 중요한 요소라고 생각한다.

"사랑 받지 못한 사람은 남을 사랑하지 못한다."

이런 말을 종종 듣는다. 교훈조의 진부한 말이지만, 어느 정도 맞는 말일 것이다.

어렸을 때 부모나 학교 선생님이 자신을 어떻게 대했느냐는 기억은 확실히 타인에 대한 자신의 행동에 영향을 준다.

라이프 로그를 다시 읽은 결과 자신이 부끄러워지거나 후회가 들어 행동을 고치는 것도 물론 중요하다. 그러나 한편으로 다른 사람에게 즐거움을 주며 즐겁게 살기 위해서는 자신이 즐거웠던 기억을 계속 가질 필요도 있지 않을까?

나치의 강제 수용소에서 겪은 체험을 쓴 빅터 프랭클의 《죽음의 수용소에서》에는, 절망하는 동료에게 "자네가 경험한 것은 이 세상의 어떤 힘으로도 빼앗을 수 없어."라고 말하며 격려하는 장면이 나온다.

"우리가 과거의 충실한 생활 속에서, 풍요로운 경험 속에서 실현해 마음의 보물로 만든 것은 그 무엇도, 그 누구도 빼앗을 수 없어."

인생에 무슨 일이 일어날지 예측할 수 없다. 언제 일자리를 잃을지, 자신이 큰 병에 걸리거나 가족에게 불행이 닥칠지 아무도 알지 못한다.

벼랑 끝에 몰린 그런 상황에서도 라이프 로그 노트가 있다면, '행복했던 시절의 자신'

'열심히 일하던 자신'

'희망이 넘치던 무렵의 자신'

이라는 과거를 되돌아볼 수 있다.

　과거의 자신에게 위로를 받고 격려를 받아 어려움을 견뎌낼 수 있다.

　그런 과거의 체험을 분명히 가지고 있으면서 지금의 인격을 만들어 나가고 있는 사람이야말로 진정으로 강한 사람이라고 생각한다.

　라이프 로그 노트는 그 '과거', 말하자면 '자신의 역사'를 만들기 위한 도우미가 되어 줄 것이다.

part five

어떻게 다시 읽고 활용할까?

라이프 로그 노트를 과거의 타임라인으로 만들고, 기회가 있을 때마다 기록한 것을 다시 읽고, 떠올리며, 발견한다. 노트를 다시 읽지 않으면 과거의 자신이 지금의 자신에게 보내는 메시지를 받지 못하게 되며, 이는 너무나 안타까운 일이다.

노트를 기록만 하지 않고 다시 읽는 방법

드디어 마지막 장이다.

지금까지 노트 한 권을 사용해 간단하게 자신의 체험과 생각을 기록해 나가는 '라이프 로그 노트'를 만드는 법에 대해 이야기했다.

1장에서는 라이프 로그 노트를 시작하기 전에 알아 둬야 할 점으로서 내가 실감하고 있는 행동 기록을 하는 목적과 효과를 설명했다.

2장에서는 라이프 로그 노트를 시작할 때의 세 가지 단계, 그리고 구체적으로 어떤 노트를 사용해야 할지 포인트를 간단하게 정리했다. 여기까지가 기초편이고, 다음부터는 실천편이다.

3장에서는 쓰고 붙이는 등의 방법으로 '어떤 행동을 기록해야 할까?'를, 4장에서는 '무엇을 기록해야 할까?'를 설명하고 '기입장'을 이용한 관찰 방법도 함께 다루었다.

그리고 이제 마지막 주제는 '어떻게 다시 읽고 활용할 것인가?'이다.

내가 업무상 또는 사적으로 만나는 사람들 중에는 일이나 가족에 대한 내용을 노트에 적는 사람이 많다. 그런데 그것을 다시 읽으며 활용하고 있는 사람은 거의 없다.

"어떤 때 노트를 다시 읽습니까?"

내게 이런 질문이 자주 날아온다. 그래서 이 장에서는 자신의 라이프 로그 노트를 언제 어떻게 다시 읽어서 앞으로 나아가기 위해 활용해야 할지 설명하도록 하겠다.

지금까지 소개했던 '기록하는 방법'과 함께 이 장에서 소개할 '다시 읽는 방법'을 익히면 더욱 확실히 체험을 자신의 양식으로 만들 수 있을 것이다.

체험을 '1회용'으로 만들지 말고 재활용한다

중요한 문제이므로 다시 한 번 반복하겠다.

라이프 로그 노트를 사용해 자신을 성장시키고 싶다면 쓰는 것만으로는 부족하다. 여러 권의 노트를 과거의 타임라인으로 만들고 기회가 있을 때마다 기록한 것을 다시 읽고, 떠올리며, 발견한다.

그렇게 해서 머릿속에 '자신의 역사'를 확고히 가지는 것이 중요하다. 그저 기록만 해서는 불충분하다.

이것은 책을 읽을 때와 비슷하다. 나는 여행을 떠날 때 예전에 10대였을 때 읽었던 책을 가지고 가서 다시 읽어 보곤 한다. 그러면 옛날에 읽었을 때와는 전혀 다른 느낌에 놀랄 때도 많다.

자신이 변함에 따라 책에서 받는 감동이나 메시지도 달라질 수 있다. 한 번 읽은 것만으로는 그 책을 제대로 다 읽었다고 할 수 없다.

라이프 로그 노트의 다시 읽기도 이와 마찬가지다. 평범한 생활 속에서 쓴 행동 기록이므로 한 달 뒤에 읽어 본들 아무런 감흥도 없다.

그러나 5년 뒤에 그 노트를 읽으면,

'의외로 옛날부터 부지런하게 살았구나.'

'지금이야말로 이런 금욕적인 마음가짐을 되찾아야 해!'

'이때에 비하면 너무 교만해진 건 아닐까?'

와 같은 식으로 새로운 자신을 발견할 수 있다.

그러면 다음에 해야 할 일, 명심해야 할 점을 찾아내는 계기도 될 것이다.

이렇게 생각하면 노트를 다시 읽지 않아 과거의 자신과 대화할 기회를 영원히 잃어버리는 것은 '과거의 1회용화'라고도 할 수 있다.

라이프 로그 노트를 다시 읽지 않으면 과거의 자신이 지금의 자신에게 보낸 메시지를 받지 못하게 되며, 이는 너무나 안타까운 일이다.

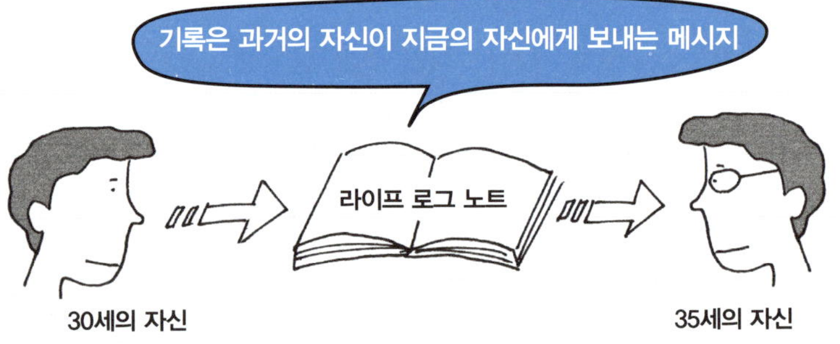

노트를 다시 읽는 것은 과거의 자신과 대화하는 것

정기적으로 자신에게 카운터펀치를 먹인다

왜 과거의 노트를 읽으면 무엇인가를 발견하게 될까?

사람은 무의식중에 조금씩 변해 가는 존재이기 때문이라고 생각한다.

흔히 승진을 하거나, 아이가 생기거나, 새로운 애인과 사귀면 "사람이 달라졌다."고 말한다.

그러나 나는 좀 더 흔한 일, 예를 들어 좋은 책을 읽거나, 영화를 보거나, 친구와 이야기를 나누거나, 산책을 하거나, 요리를 만들어 먹기만 해도 사람은 조금씩 변한다고 생각한다.

사람은 큰 계기가 없더라도 살아 있는 한 계속 변화한다. 그래서 어느 정도 시간이 지난 뒤에 자신이 전에 썼던 노트를 읽으면 과거에 만난 적이 있었던 사람이 쓴 것 같은 느낌을 받는다.

인간은 항상 변화한다.

이것은 언뜻 좋은 이야기처럼 들리지만, 반드시 바람직한 방향으로 변한다는 보장은 없다.

직장에서 좋은 실적을 내기 위해 열심히 일하는 사이에 자신보다 능력이 떨어지는 사람을 내려다보게 된다. 좀더 세상을 알려고 하는 사이에 교활해져 간다. 대인 관계를 소중히 여기는 사이에 아첨꾼이 된다. 시간을 소중히 여기려 하는 사이에 비정상적일 정도로 조급해진다.

……사실 이것은 내 이야기이지만, 이런 일은 종종 있다. 아무리 조심해도 조금씩 사람이 달라진다.

변화는 멈출 수 없다. 그러나 궤도를 수정할 수는 있다.

라이프 로그 노트는 먼저 자신의 변화를 눈에 보이는 형태로 보여 준다.

옛날의 기록을 다시 읽으면 인사 하나 제대로 못하는 내가 있다. 얼토당토않은 아이디어를 흥분해서 적고 있는 내가 있다. 또 한편으로 어떤 일에 대해서도 지금보다 솔직하고 진지하게 몰두하는 내가 있다.

그런 것을 보면 옛날의 내가 손가락으로 나를 가리키며 "지금의 너는 어때?"라고 묻는 듯한 기분이 든다.

기억에만 의지하면 과거는 항상 미화되기 마련이다. 그러나 라이프 로그 노트를 다시 읽으면 생생한 '있는 그대로의 과거'와 직면하게 된다.

바로 그것이다.

내가 아닌 다른 사람이 쓴 것처럼 느껴진다고는 했지만, 과거의 노트에 적혀 있는 것은 틀림없이 '과거에 내가 체험한 일', '과거에 내가 쓴 생각'이다. 어떤 대단한 사람이 쓴 인생 교훈이나 훌륭한 책보다 훨씬 받아들이기가 쉽다.

과거의 자신을 보고 자신의 변화를 깨닫는다면 누구의 탓으로도 돌릴 수 없다.

'나는 이대로 괜찮은 걸까?'라는 생각을 할 수밖에 없게 된다. '다시 읽기'는 변화의 방향을 '발길 닿는 대로'에서 목적한 방향으로 바꿀 기회가 되는 것이다.

어떤 이상이나 충동도 잡일에 쫓기고 장애물이 늘어나면서 점점 둥글둥글해진다. 그렇게 환경에 떠밀려 가는 것도 어떤 의미에

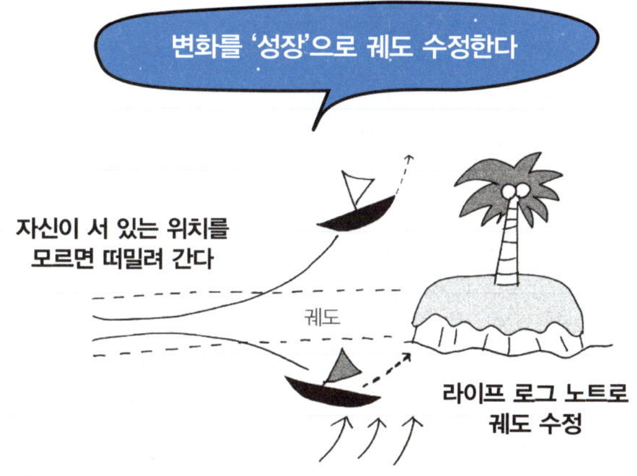

서 중요한 일이지만, 환경에 순응하기만 해서는 안 된다. 그렇게 해서는 바보가 되고 만다.

때로는 자신이 서 있는 위치와 목적지를 확인해, 떠밀려 가면서도 목적지에 접근할 수 있도록 '조정'을 해야 한다. 그러기 위해서라도 꼭 노트를 다시 읽기 바란다.

'자신만의 노트'는 멋지지 않아도 된다

하지만 이렇게 말해도 "도저히 다시 읽고 싶은 마음이 안 생기는데……."라고 말하는 사람도 많을 것이다.

왠지 창피하다……. 그런 마음도 충분히 이해한다.

나도 그런 기분이 들었다. 내가 쓴 책이나 문장을 다시 읽는 것도 필요하다면 하기는 하지만 그다지 좋아하는 일은 아니다.

노트를 다시 읽으면 뭔가 볼썽사나운 자신이 있다. 잡지나 텔레비전에서 보는 크리에이터나 학자, 유명한 컨설턴트의 노트와는 너무나 차이가 난다.

글씨는 초등학생 같고, 내용도 한심하고…….

나도 내 노트를 보고 그런 생각이 들 때가 많다.

그러나 솔직하게 생각해 보면 그것이 부정할 수 없는 현실이다. 키가 작다든가 운동 신경이 둔한 것과 마찬가지로 아무리 탄식한들 어찌할 도리가 없다. 받아들이고 의연해지는 수밖에 없다.

그리고 이것은 내 인생관이지만, 살아간다는 것은 애초에 촌스

럽고, 창피하고, 겉모습 따위에 신경을 쓸 여유가 없을 만큼 힘든 것이 아닐까? 다른 사람이 세련되고 시원시원하게 사는 것처럼 보이는 것은 잘 모르는 타인이기 때문에 그렇게 보일 뿐이라고 생각한다.

어떤 사람이든 일이 잘 안 풀릴 때도 있으며 내면에 번민과 갈등을 안고 있다. 오히려 그런 인생의 어두운 측면과 싸우고 있기 때문에 대단한 것이다.

그러니 과거의 노트에 무엇이 적혀 있든 어쩔 수 없는 일이며, 그것이 정상이라고 생각하면 어떨까?

내가 좋아하는 만화 《철인 감마》에,

"산다는 건 정말 창피해!"

라는 말이 있는데, 창피하기는 모두 마찬가지라고 생각하자.

다른 사람이 아무리 멋진 노트를 만들든, 그것이 연출된 것이든 아니든, 자신과는 아무런 상관도 없다. 자신의 기분과 타협만 할 수 있다면 좀 더 가벼운 마음으로 자유롭게 노트를 활용할 수 있을 것이다.

미리 '자신이라는 요소'를 약화시킨다

라이프 로그 노트는 창피한 것이 당연하다.

그러나 창피해질 것 같은 내용을 일부러 쓰는 것은 삼가는 편이 좋다고 생각한다. 즉 너무 내성적인 문장은 쓰지 않도록 한다.

나는 대학 시절, 2년 가깝게 대학 노트에 일기를 쓴 적이 있었는데, 졸업할 때 그것을 찢어서 버렸다. 도저히 다시 읽어 줄 수가 없었기 때문이다.

지금이라면 '원래 학생 때는 누구나 이런 생각을 하지 뭐'라고 넘길 수 있을 것이다.

그러나 당시는 너무나 견디기가 힘들었다. '만약 이걸 누군가가 우연히 읽는다면……'이라는 생각이 들자 발작적으로 쓰레기통을 가져와 갈기갈기 찢기 시작했다.

감상이나 생각 등을 너무 내성적으로 쓰면 다시 읽기가 고통스러워진다. 그렇게 되면 쓰는 것 자체에도 의문을 느끼게 된다. 이렇게 악순환에 빠져 버리므로 내성적인 글은 쓰지 않는 편이 좋을 것이다.

자기 성찰은 필요하다. 그러나 일부러 하지 않아도 된다. 행동 기록은 당시 자신의 상태와 마음의 모습을 충분히 말해 준다. 읽은 책, 갔던 장소, 조금 적혀 있는 감상 메모 등에는 충분히 당시의 상황이 '머릿속'에 남아 있다.

그러므로 다시 읽기가 싫어지는 글을 써서 남기기보다는 주위에 대한 내용을 많이 기록하자. 싫었던 일보다 즐거웠던 일을 적도록 하자.

이렇게 하면 '즐거웠던 이탈리아 여행 노트를 보자!'라는 식으로 다시 읽을 동기가 만들어진다. 또 '즐거움'에 관한 기술을 늘리면 휴일도 더욱 계획적으로 보내게 된다.

그러기 위해서 육아나 데이트, 취미의 기술 등 즐겁게 읽을 수 있는 페이지를 충실히 만드는 것도 한 가지 방법이다.

가정용 컬러 프린터나 '폴라로이드 TWO'를 사용해 평소에 아이의 사진이나 만든 요리, 둘이 찍은 사진 등을 부지런하게 붙여 놓자!

이렇게 하면 라이프 로그 노트는 잡지나 앨범의 요소가 강해진다. 시간이 지난 뒤에도 '펼쳐 보자'는 마음이 생기기 쉬워진다.

흔히 풍경이든 인물이든 사진을 찍으면 '촬영자의 마음이 비친다'고들 말한다. 너무 자기 성찰을 하거나 고민하지 말고 스냅샷을 찍듯이 라이프 로그 노트에 담담하게 메모한다. 스크랩이나 사진 등 자신의 심정 이외의 요소도 늘린다. 이런 것도 다시 읽기를 쉽게 하기 위한 비결이라고 할 수 있다.

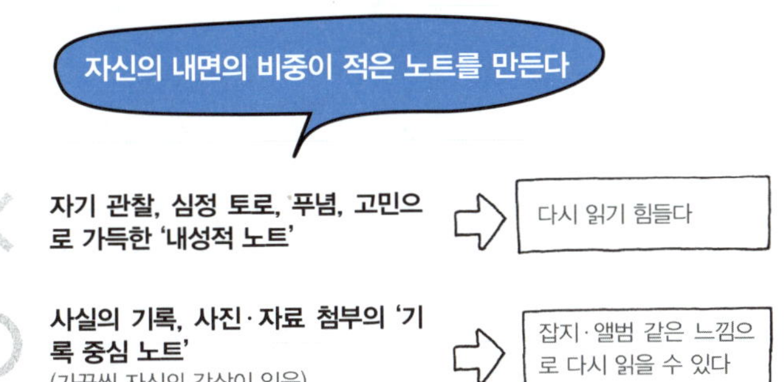

'자신의 주제'가 보이게 된다

라이프 로그 노트를 사용하면 자신도 깨닫지 못하던 주제 의식을 깨달을 때가 있다. 기록할 때는 미처 깨닫지 못했지만, 나중에 다시 읽으면 노트에 똑같은 문제의식, 고민, 생각이 보이게 된다.

예를 들어, 얼마 전에 바로 1년 전 8월에 쓴 노트를 다시 읽어보니 곳곳에 '집중력이 이어지지 않아 큰일이다. 이제 글렀어'라는 푸념과 분노가 짜증스러운 글씨로 적혀 있었다.

그리고 그 뒤에는,

'식생활을 야채 중심으로 바꾸면 어떨까?'

'일찍 일어나서 운동을 하자.'

등이 적혀 있었다.

이것을 보고 나는 조금 놀랐다.

'집중력을 좀 더 키워야겠다'는 것은 최근 들어 하기 시작한 생각인 줄 알았기 때문이다.

또 같은 페이지에는,

'현대사를 공부하고 싶다.'

는 메모도 있었다. 텔레비전에서 특집 방송을 보고 생각한 것인데, 이것도 요즘 하고 있는 생각과 일치했다.

집중력을 단련하는 것, 현대사를 공부하는 것을 1년 이상 전부터 줄곧 생각했던 셈이다.

'나는 조금도 앞으로 나아가지 못했을까……? 아니야, 오히려 지금 깨달아서 다행이야!' 이렇게 생각하면 '일단 초기 투자로 책을 세 권 정도 사서 읽어 보자!'와 같이 다음 행동으로 이어진다.

노트를 다시 읽고 자신이 제자리걸음을 하고 있음을 깨닫는다.

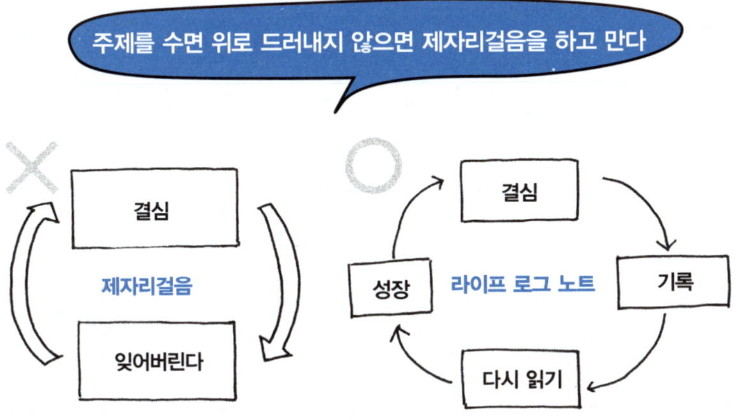

이것은 중요한 발견이다. 이것을 모르면 매년 봄에는 무엇인가 배우려고 생각하고, 여름에는 다이어트를 하려고 생각하다 결국 아무것도 하지 않은 채 1년이 지나가 버린다.

어렴풋이 생각은 하고 있지만 자신의 내부에 주제 의식이 명확하지 않기 때문에 좀처럼 행동으로 옮기지 못한다. 이런 일은 종종 있다.

라이프 로그 노트를 다시 읽어 **자신의 의식의 흐름을 시간순으로 살펴본다.** 이렇게라도 하지 않으면 진정으로 생각하고 있는 현안이나 주제가 보이지 않기 때문이다.

심리 상태를 끌어 올려 일의 의욕을 높인다

라이프 로그 노트는 자신의 기분을 조절하는 데도 활용할 수 있다.

지난주까지는 의욕이 넘쳤는데, 주말에 쉬고 회사에 출근하니 좀처럼 시동이 걸리지 않아서 점심때까지 아무 일도 못한다. 이런 경험을 한 적은 없는가?

내 이야기를 하자면, 커다란 일이 끝난 뒤에는 긴장이 풀려서 다른 할 일이 많은데도 일이 손에 잡히지 않는다. 책상 위 정리나 이메일 답장, 영수증 정리 같은 일조차 재빨리 처리하지 못해 쌓여 버린다.

업무와 집안일 모두 마찬가지인데, 척척 일을 진행할 수 있는 능동적인 기분, 즉 '의욕'을 유지하기는 쉬운 일이 아니다.

그럴 때는 라이프 로그 노트를 다시 읽는다. 어제나 일주일 전 같은 비교적 가까운 과거의 기록을 다시 읽는 것은 의욕을 회복시키는 효과가 있다.

지난주에 업무에 대한 의욕이 넘칠 때 쓴 행동 기록을 보기만 해도 '오늘도 움직임을 멈추지 말고 부지런히 일하자!'라는 기분이 되며 두뇌 회전이 조금 빨라진다.

또 지난주의 행동 기록에 있는 업무 미팅 메모를 읽으면,

'이 사람이 굉장히 기대하고 있으니 기운 내서 열심히 해야지!'

이런 기분이 샘솟는다.

나는 도쿄에서 업무 미팅을 하고 오사카로 돌아오면 현실 감각이 흐려질 때가 종종 있다.

'지금 하지 않아도 나중에 집중해서 하면 걱정 없어.'

환경이 전혀 다르기 때문에 점점 조건의 긴박함이나 중요성이 실감나지 않게 된다.

이와 같이 긴장이 풀렸을 때는 먼저 노트를 펼쳐서 일을 의뢰한 사람의 명함을 보고 미팅 내용을 읽는다.

노트를 펼쳐 보면 그곳에는 '폴라로이드 TWO'로 찍은 미팅 현장의 사진이 붙어 있곤 하다. 이렇게 될 것을 예상해 사진을 붙여 놓은 '일주일 전의 나의 꼼꼼함'에 놀랄 때도 있다.

노트를 보기만 해도 '이대로는 안 돼'라는 마음의 경보가 울려 의욕을 되찾을 때가 많다.

예전에 한 등반가의 책을 읽었는데,

"목숨을 잃을 위험이 있는 산을 오를 때, 벽 앞에 앉아 암벽이나 빙벽, 내가 오르고자 하는 루트를 천천히 바라보며 오르고 싶

어서 참을 수 없는 기분이 솟아나기를 기다린다."
라는 내용이 적혀 있었다.

시동이 걸리지 않을 때, 일에 몰두하려 해도 하기 싫은 마음을 억제할 수 없을 때는 라이프 로그 노트를 활용해 의욕을 되살려 보기 바란다.

다시 읽지 않게 되는 큰 이유는 '접근성이 나빠서'

이제 다시 읽기에 여러 가지 장점이 있음을 알았을 것이다.

그렇다면 구체적으로 일상생활 속에서 어떻게 라이프 로그 노트를 다시 읽어야 할까?

이에 대해 생각하기 전에 먼저 확인하고 넘어가야 할 점이 있다.

여러분은 다 사용한 노트를 금방 꺼낼 수 있는 장소에 보관하고 있는가?

만약 서랍 깊숙한 곳이나 눈에 띄지 않는 곳에 집어넣었다면 실격이다. 접근성이 너무 떨어진다. 노트를 깊숙한 곳에 보관하면 꺼내기가 귀찮아져 읽지 않게 된다.

다시 읽기 위해서는 다 사용한 노트를 나란히 꽂아 놓을 공간을 만들어 둬야 한다.

집에 보관하느냐 직장에 보관하느냐는 어느 쪽이 더 편안하게 다시 읽기를 할 수 있느냐에 따라 결정한다. 개인 사업을 하는 사람이 아니라면 집일 것이다.

나는 집에 있는 작업용 책상 뒤의 책장에 최근 2년 정도의 노트를 시간순으로 꽂아 놓았다. 과거 5년분 정도는 꽂아 놓고 싶은 마음도 있지만, 공간 사정도 있어서 2년으로 타협했다.

그리고 다시 읽을 때는 도로 꽂아 놓을 때 헷갈리지 않도록 노트가 있었던 곳에 안 쓰는 검은색 커버의 수첩을 대신 꽂아 놓는다.

사전이나 참고 문헌과 마찬가지로 '손을 뻗으면 금방 꺼낼 수 있는' 좋은 접근성이 중요하다.

책장이 없다면 책상 위에 북엔드를 놓고 세워 두는 방법도 추천한다.

접근성이 좋으면 노트를 꺼내서 펼치기까지의 동작을 줄일 수 있다. 또한 외출을 하기 전에 '전철 안에서 읽게 한 권 가져가자'라고 생각했을 때도 손만 뻗으면 된다. 읽은 뒤에 있던 자리에 되돌리기도 간단하다.

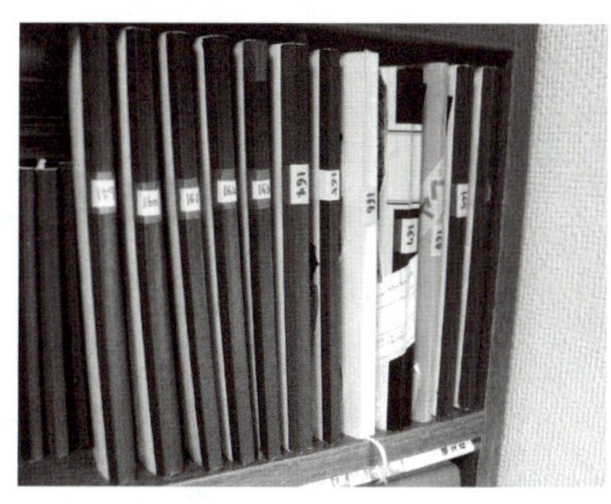

책장에 다 쓴 노트를 순서대로 꽂아 놓는다

책상에서 일어나지 않고 손만 뻗으면 꺼낼 수 있도록 책장의 특등석에 꽂아 놓는다. 꺼내거나 다시 꽂기 편하면 '한번 읽어 볼까' 하는 마음이 생긴다. 옆면에 번호를 적어 놓으면 편리하다.

　노트를 고를 때도 접근성을 중시한다면 책장에 꽂을 수 있도록 A6(문고본)에서 A5(단행본)까지의 크기 중에서 선택하는 편이 좋을 것이다.

　정리하자면, 다시 읽으니까 곁에 두는 것이 아니라 곁에 두니까 다시 읽게 된다는 말이다.

다시 읽기의 진수는 '마킹과 타이밍'

노트를 꽂아 둘 공간을 마련했다면 준비는 끝이다.

이제 '구체적으로 어떤 식으로 노트를 다시 읽을 것인가?'라는 이야기로 넘어가자. 포인트는 두 가지다.

· '마킹'

· '타이밍'

먼저 명심해야 할 것은, '노트는 막연히 읽으려고 해도 잘 읽기가 힘들다'는 사실이다. 책을 읽는 것과는 다르므로 뭔가 대책을 세워야 하는데, 그 대책이 바로 '마킹'이다.

다시 읽기를 할 때는 반드시 마킹용 펜을 들고,

'이 중에서 쓸 만해 보이는 아이디어는 녹색으로 마킹하자.'

'먹은 것은 전부 빨간색 펜으로 밑줄을 그어 보자.'

'책하고 영화 감상에는 포스트잇을 붙여 놓자.'

와 같이 목적을 갖고 노트를 펼친다.

학창 시절의 교과서를 떠올려 보자. 형광펜이나 빨간색 펜으로 체크하면서 읽으면 지루한 내용도 어떻게든 읽어 나갈 수 있었을 것이다. 그와 마찬가지로 다시 읽기를 할 때는 반드시 '체크 작업' 을 한다.

또 한 가지 방법은 '타이밍'이다.

라이프 로그 노트는 가만히 두면 좀처럼 다시 읽을 기회가 생기지 않는다. 일부러 다시 읽을 동기나 기회를 만들지 않는 한 노트를 펼칠 일이 없다.

그러므로 생활 속에서 다시 읽을 기회가 생기도록 '이럴 때 노트를 다시 읽는다'는 타이밍을 미리 정해 놓는다.

막연히 '노트를 읽자', '정기적으로 다시 읽자'고 생각하면 평생이 가도 습관이 들지 않는다. 그렇게 귀찮은 일도 아니므로 방법만 제대로 세우면 별다른 어려움 없이 다시 읽기를 할 수 있게 된다.

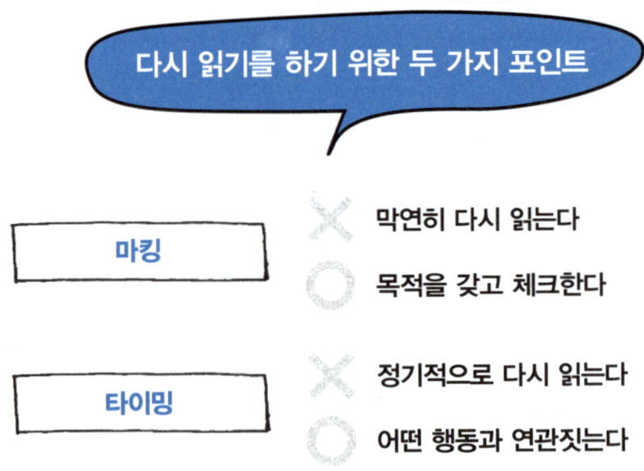

마킹 - 다시 읽기를 '작업'으로 만든다

다시 읽기의 비결은 눈뿐만 아니라 손을 움직이는 '작업'으로 만드는 것이다.

라이프 로그 노트는 자료나 사진이 붙어 있기는 해도 역시 볼펜 등의 필기도구로 적은 '행동 기록'의 메모가 중심이다.

다시 읽을 때 지루하지 않도록 신경을 썼다고는 하지만 항상 재미있는 내용만 있는 것은 아니다. 쓴 내용을 그저 눈으로 쫓으며 읽기는 상당히 어려울 것이다.

그러므로 어느 정도 집중해서 읽으려면 중요하다고 생각한 부분을 형광펜으로 체크하는 '마킹 작업'이 가장 좋다. 일단 형광펜으로 강조해 놓으면 다음에 읽을 때 시선이 유도되어 더욱 읽기 쉬워지는 이점도 있다.

예를 들어 다음과 같은 대상에 주목하며 마킹을 해 보자.

· 시간 마킹

시간을 시각적으로 파악할 수 있도록 마킹한다.

나는 형광펜을 사용해 하루의 단락을 구분하는 '구분선'을 강조하거나 매달 1일의 내용이 있는 페이지의 가장자리를 색칠해 노트에서 직감적으로 시간의 흐름을 알 수 있도록 하고 있다.

그밖에도 오전의 시간 이용 방식을 재고하고 싶을 때는 오전의 행동 기록만을 마킹해 나가고, 야근을 줄이고 싶다면 매일의 퇴근 시간을 마킹해 비교할 수 있도록 하는 등 다양한 '시간 마킹'을 생각할 수 있다.

또 'O일 전의 행동 기록을 빠르게 확인하고 싶다'는 사람은 사진과 같이 '포스트잇'을 사용해 날짜별로 사전처럼 '색인표'를 만들 것을 권한다.

· 행동 마킹

특정 행동을 마킹하면서 단숨에 읽어 나가는 것도 다시 읽기의 좋은 방법이다.

식사를 예로 들어 보자. 세 끼 메뉴만을 마킹하면서 대략적으

다시 읽을 때는 반드시 체크용 펜을

막연히 읽으려고 하면 금방 집중력이 흐트러지므로 노트에 남아 있는 인상적인 말이나 즐거웠던 행동만을 마킹한다. 칠하거나 둘러쌀 수 있는 빛깔이 좋은 형광펜을 추천한다.

로 살펴보면 자신의 식사 경향이나 좋아하는 음식을 명확히 알 수 있을 것이다. '기입장'을 사용하는 것과 비슷한 효과를 얻을 수 있다.

또 오랜 기간에 걸쳐 몰두하고 있는 서류나 원고의 작성 등 중시하고 있는 일의 행동 기록만을 마킹하면 어느 정도의 빈도로 몇 시간 정도를 들여서 하고 있는지 알 수 있다.

그 밖에도 가족과 시간을 보낼 때의 행동 기록을 핑크색으로, 업무를 파란색으로, 여가 시간을 녹색으로, 육아 시간을 오렌지색으로 마킹하는 등 조금 복잡할 정도로 다양한 색을 사용해 마킹하면 시각적으로 파악해 시간 배분을 다시 생각할 기회도 될 것이다.

· 주객(主客) 마킹

다시 읽을 때 행동 기록 속에 있는 자신의 감상이나 의견 부

포스트잇으로 '탭'을 만든다

월요일마다 탭을 만들어서 원하는 날짜를 찾기 편하게 한다. 페이지 수가 많은 노트는 내용뿐만 아니라 물리적으로도 마킹을 해 놓으면 나중에 다시 읽기가 쉬워진다.

분만을 마킹하면 당시의 기분을 더욱 잘 이해할 수 있는 라이프로그 노트가 된다.

나는 객관적인 사실에는 'O', 내 의견에는 '☆' 기호를 붙여서 금방 구분할 수 있게 했지만, 다시 읽을 때 '☆' 부분만을 마킹해 더욱 확실히 부각시킨다.

이 마킹의 좋은 점은 아이디어를 꽤 모을 수 있다는 점이다. 감상 부분에는 바라는 점이나 개선책 등의 생각이 종종 적혀 있다. 그러나 아이디어가 나왔음을 깨닫지 못할 때가 많기 때문에 결국 노트에 적어만 놓고 실행은 하지 못한다.

처음에 생각했을 때는 어떻게 해야 할지 모르는 것도 나중에 다시 읽으면 실현 방법이 떠오를 때가 있다. 그 시점에서는 별 것 아니지만 일단 적어 놓으면 나중에 다시 읽었을 때 다음 행동으로 연결시킬 기회가 될 수 있다.

타이밍 – 다시 읽기를 생활의 일부로 만든다

이제 '어떻게 읽어야 하는가?'는 알았을 것이다.

내가 생각하기에 라이프 로그 노트는 역사 교과서와 같다. 고대 시대만 다시 읽거나, 역사 연표를 보거나, 시대에 따라 변화하는 건축 양식을 살펴보는 등, 역사 교과서 한 권을 읽는 방법에는 여러 가지가 있다.

이와 마찬가지로 라이프 로그 노트도 '만난 사람', '읽은 책', '간 장소', '자신의 감상' 등 초점을 맞출 대상에 따라 인상이 완전히 다른 책이 된다.

무엇에 마킹할지 궁리하면 노트를 다시 읽기가 더욱 즐거워질 것이다.

그러면 이번에는 '언제 읽을 것인가?'를 생각해 보자.

"바빠서 읽을 틈이 없다."고 말하는 사람이 많을 것이다. 그러나 사장이든 총리든 빈 시간이 전혀 없는 사람은 없다. 상대가 약속 시간에 늦었을 때 그 자투리 시간을 이용하거나 전철 안에서 휴대폰을 만지작거리는 대신 노트를 펼치면 반드시 읽을 시간을 확보할 수 있다.

노트를 읽어서 도움이 되었던 경험이 있으면 자기 전에 15분 동안 과거의 노트를 읽어 보는 등 생각을 위한 도구로 라이프 로그 노트를 활용할 수 있게 될 것이다.

사용 중인 노트의 '거꾸로 읽기'와 '순서대로 읽기'

내가 가장 많이 다시 읽는 것은 현재 사용하고 있는 노트다.

항상 가지고 다니기 때문에 메모를 한 김에, 자료를 붙인 김에, 지난주의 전화 메모를 찾아보기 위해 등의 이유로 자주 다시 읽는다. 이동 중에는 대체로 책을 읽거나 노트를 마킹하면서 다시 읽는다.

전철 안은 메모를 하기에는 그렇게 좋은 환경이 아니지만 형광펜으로 선을 긋는 것 정도는 간단하게 할 수 있다.

무릎 위에 올려놓은 노트를 바라보면서 생각한다.

이때는 '거꾸로 읽기'와 '순서대로 읽기'를 상황에 따라 사용한다.

'거꾸로 읽기'는 오늘의 행동 기록부터 '어제→그제→3일 전'으로 시간을 거슬러 올라가며 읽는 것이다.

그리고 '순서대로 읽기'는 어떤 시점, 예를 들어 노트를 사용하기 시작한 날짜인 7월 20일부터 '21일→22일→23일'과 같이 시간 순으로 읽는 것이다.

‘거꾸로 읽기’의 장점은 **짧은 시간에 다시 읽을 수 있고 금방 내용을 파악할 수 있다는 점이다.** 행동 기록에서 사흘 전의 업무 내용을 기억해 내고 ‘그 작업에 이어서 오늘은 뭘 할까?’라는 식으로 곰곰이 생각한다. ‘거꾸로 읽기’는 이와 같이 생각할 계기를 마련해 준다.

이에 비해 ‘순서대로 읽기’는 **한발 물러나 자신의 과거를 정리하고 사물을 넓은 시점에서 바라보고자 할 때 사용한다.** 한 달분의 행동 기록을 순서대로 살펴보면 ‘최근 한 달은 내게 어떤 기간이었는가?’를 알 수 있다.

‘최근 한 달 동안은 집에 틀어박혀서 책만 읽어 울적했으니 9월부터는 멀리 외출도 하면서 바람을 좀 쐬자.’

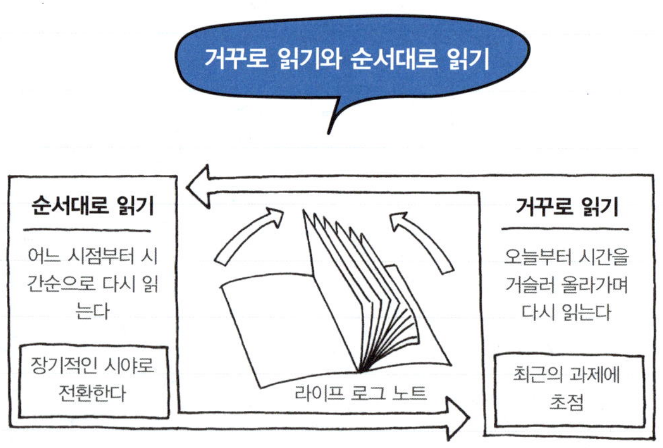

'최근 몇 달 동안은 같은 업종의 윗세대 사람들만 만났으니 다음부터는 다른 업종의 동세대 사람들과도 놀러 가자.'

이렇게 자신의 인생을 설계하는데 도움이 되는 커다란 계획을 생각할 계기가 되는 것이다.

나는 '거꾸로 읽기'를 할 때가 훨씬 많다. '순서대로 읽기'는 시간이 걸리지만 '거꾸로 읽기'는 2, 3분만 있으면 할 수 있기 때문에 전철을 타고 이동할 때 적합하다. 다만 기차나 비행기를 탔거나 카페에서 잡지를 읽다가 질렸을 때 등 어느 정도 긴 시간이 생겼을 때는 '순서대로 읽기'를 하는 식으로 시야가 좁아지는 것을 방지하고 있다.

시스템화해 정기적으로 다시 읽는다

하루가 끝날 때 그날의 행동 기록을 다시 읽는 것을 습관화하기 바란다. 30초도 채 걸리지 않는 일이지만, 이를 위해 노트를 꺼내기가 의외로 귀찮다는 점이 문제다. 그래서 나는 대체로 밤에 녹화해 뒀던 텔레비전 방송을 보면서 노트를 훑어본다.

이 타이밍에는 붙여 놓을 자료나 텔레비전 방송을 본 감상 등도 적을 수 있고, 텔레비전을 보고 있으면 여러 가지 볼일이 떠오르곤 한다. '텔레비전 시청은 라이프 로그 노트와 함께'인 셈이다.

내겐 금요일 밤에 일주일 동안의 행동을 되돌아보는 습관을 가진 친구가 있다. 나는 일주일치를 한꺼번에 다시 읽기보다 매일 조금씩 되돌아보는 '일일 리뷰'가 더 편하다고 생각하지만, 이 '주간 리뷰'가 더 적성에 맞는 사람도 있을 것이다.

또 회사원이라면 월요일 아침에 지난주의 행동 기록을 다시 읽고 기분을 업무 모드로 전환해 출근하는 등 여러 가지로 응용할 수 있을 듯하다.

하루가 끝날 때 다시 읽는 것 이외에 나는 라이프 로그 노트를 다 써서 '교체'하는 타이밍에 일단 노트를 처음부터 끝까지 읽어 본다는 규칙도 정했다.

일일 리뷰	하루가 끝날 때와 시작될 때 다시 읽는다
주간 리뷰	일주일이 끝날 때와 시작될 때 다시 읽는다
교체 리뷰	노트를 교체하는 타이밍에 다시 읽는다

색인을 만드는 과정에서 다시 읽는다

라이프 로그 노트 한 권을 다 쓰면 나는 반드시 1장에서 소개한 '색인 파일'을 갱신한다.

1장에서 소개한 색인 파일은 라이프 로그 노트를 컴퓨터로 검색하기 위한 것으로, 예를 들어 라이프 로그 노트 속에 여행 기록이나 친한 사람에게 받은 편지, 중요한 기사의 발췌, 해외 출장 기록이 있음을 다음 페이지의 표와 같이 엑셀로 입력한다.

그러면 파일의 문자열을 검색해 정보가 어떤 노트의 어디쯤에 수록되어 있는지 알 수 있다.

2, 3년 정도 전의 여행기라면 언제 갔는지 대략 기억이 나기 때문에 책장에 꽂혀 있는 노트를 보면 알 수 있을 것이다.

그러나 그 이전의 기록은 표지에 붙인 사진 등에 의지해 찾기가 조금 어려워진다. 몇 년 이상 기록을 계속하면 권수가 늘어나므로 말할 필요도 없을 것이다.

그래서 완전히 잊어버렸더라도 정보를 찾아낼 수 있도록 '정보의 실마리'가 되는 색인을 만들어 놓는다.

이러한 '색인 텍스트'를 만드는 과정에서 일단 라이프 로그 노트 한 권을 전부 다시 읽게 된다.

입력이 귀찮다면 항목을 줄이자. 노트 한 권의 색인을 작성할 때 항목을 100개씩 만들지, 아니면 아래의 예와 같이 세 가지 항목으로 줄일지 하는 것도 본인의 자유다.

다만 색인 파일이 조금이라도 있는 것과 아예 없는 것은 커다란 차이가 있다. 다시 읽는 습관을 들이기 위해서라도 '여행 기록만은 색인화한다' 등의 규칙을 만들어 실천하기 바란다.

나는 대체로 한 달에 한 권 정도의 라이프 로그 노트를 사용하기 때문에 색인 입력은 '월간 리뷰'의 기능도 한다. 색인 파일은 노트를 다 썼을 때마다 갱신하면 좋을 것이다.

노트 번호	날짜	제목
168	100712	이즈 반도 여행
168	100718	구로다 씨로부터 편지
168	100721	산케이 'CNN 기자가 트윗 때문에 해고'
168	100724	상하이 출장

X년 전 오늘의 기록을 다시 읽는다

지금 사용하고 있는 노트나 바로 전에 사용한 노트보다 훨씬 전의 노트를 사용하는 방법에는 어떤 것이 있을까?

첫째는, 입사했을 때의 노트나 결혼했을 때의 노트, 독립했을 때의 노트 등 '중요한 순간'의 노트를 기회가 있을 때마다 다시 읽는 것이다.

'이 노트를 읽으면 항상 의욕이 솟아.'

라는 노트가 있다면 가지고 다니지 않아도 볼 수 있도록 스캔을 해서 디지털 파일로 만들어 하드디스크나 USB 메모리에 넣어 두는 것도 한 가지 방법이다.

다만 라이프 로그 노트의 재미는 중요한 순간이든 아니든 기록이 일관되게 계속된다는 점이다. 그런 의미에서 생각하면 '중요한 시기'의 노트만 보는 것은 아까운 일이라고 할 수 있다. 그래서 내가 마지막으로 제안하고자 하는 것이 다음과 같은 방법이다.

X년 전 오늘의 노트를 펼쳐 본다

예를 들어 출장을 갈 때 책장에서 '1년 전 오늘', '2년 전 오늘', '3년 전 오늘'의 기록이 있는 노트 세 권을 가방에 넣고 출발한다. 그리고 비행기나 기차 안에서 다시 읽는다. 나도 실천하는 방법인데, 이것이 많은 공부가 된다.

여름이면 여름, 겨울이면 겨울 등 계절과 연중행사 같은 조건이 똑같기 때문에 자신이 '어떻게 변했는가?', '얼마나 성장했는가?'가 더욱 두드러진다.

몇 개월 정도의 간격으로는 변화가 잘 보이지 않지만, '3년 전의 이맘때→2년 전의 이맘때→1년 전의 이맘때'의 타임라인을 보면 자신의 변화를 일목요연하게 알 수 있다.

변한 부분, 그다지 변하지 않은 부분 등 정도의 차이는 있을 것이다. 그러나 하나도 변하지 않은 사람은 한 명도 없다고 생각한다.

설령 '거의 성장하지 못했구나'라는 인상을 받았더라도 그것은 그것대로 좋은 일이라고 생각한다. 그런 것을 포함해 좀 더 자신을 잘 알게 되기 때문이다.

우메사오 다다오 씨가 정보 카드의 활용법 등에 대해 쓴 책 《지적 생산의 기술》을 보면 이런 말이 있다.

"자신의 지식이나 사상을 카드로 만들어 늘어놓으면, '뭐야, 이것뿐이야?'라는 생각이 들어 자존심에 상처를 받는다."

누구나 이렇게 힘이 쭉 빠지는 기분을 느껴 본 적이 있을 것이다.

라이프 로그 노트도 이와 같아서, 다시 읽을 때는 자신을 과대평가하지 말고 있는 그대로 바라보는 것이 중요하다고 할 수 있을 것이다.

타인과 비교하지 말고, 약한 자신, 바보 같은 자신도 인정한다. 그러나 작은 발전이 있다면 솔직하게 받아들이고 기뻐한다. 이런 작은 발전 욕구를 계속 가지는 것이 성장하기 위한

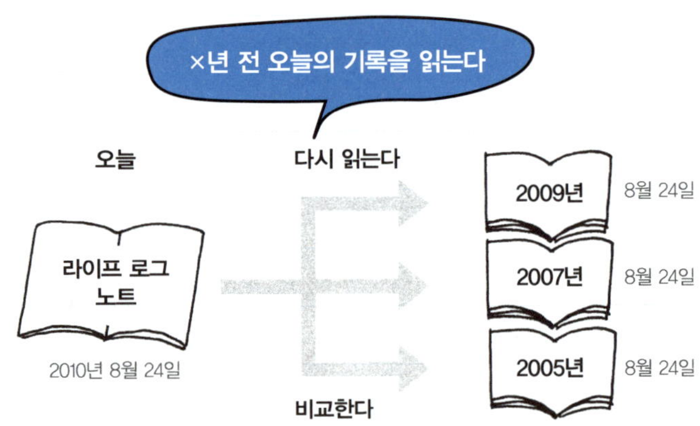

중요한 자세라고 생각한다. 라이프 로그 노트는 자신을 그런 상
태로 인도하는 일종의 무대 장치가 아닐까?

부록

라이프 로그 노트 작성을 돕는 22가지 도구

'행동 기록'을 돕는 도구

[1] 누워서도 쓸 수 있는 '유성 볼펜'

언제 어디서나 행동 기록을 적는다고 생각하면 펜은 신뢰성이 높은 제품을 쓰는 것이 바람직하다. 가압식이라 노트가 비에 젖었어도 쓸 수 있기 때문에 밖에서 사용하기에도 편리하다. 소파나 침대에 누워 있을 때 펜을 위로 향하고 쓸 수도 있다.

[2] 가지고 다니기에 최적인 다색 볼펜

가지고 다니기 편하다고 여러 색을 활용할 수 다색 볼펜을 추천한다. 볼펜 길이가 짧은 것은 핸드백이나 웃옷의 얕은 주머니에 꽂아 놓을 수 있다.

[3] 밖으로 가지고 나가 사용하고 싶은 만년필 스타일의 펜 '수성펜'

부드러운 필기감이 특징인 만년필 스타일의 수성펜이다. 밖에 만년필을 가지고 나가면 잉크 때문에 신경이 쓰이는데, 이거라면 안심할 수 있다.

[1] 유성 볼펜

[2] 다색 볼펜

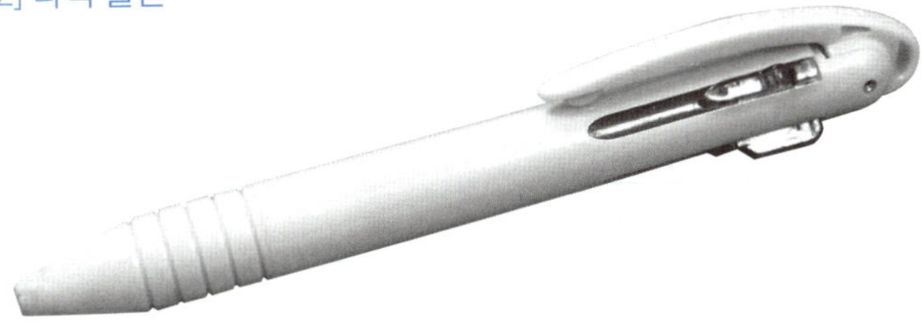

[3] 수성펜

[4] 스크랩에도 사용할 수 있는 '점선칼'

점선칼은 보통 종이에 접는 선을 만들거나 서류에 '자르는 선'을 만들 때 사용하지만, 나는 잡지나 서류를 오려내는 용도로 사용한다.

일반적인 커터칼은 잘못하면 다음 페이지까지 잘라져 버리지만, 점선칼은 설령 잘리더라도 손으로 뜯어내지 않는 한 페이지가 떨어져 나가지 않는다. 노트의 페이지를 뜯어서 사용할 수 있도록 미리 점선칼로 절취선을 만들어 놓는 것도 좋은 방법일 것이다.

[5] 자료 수집용 케이스로 사용할 수 있는 '투명 파일케이스'

나는 이 파일케이스를 자료나 팸플릿, 오려낸 잡지의 페이지 등을 넣어 두는 용도로 사용한다.

일반적인 클리어파일과 달리 탈락 방지용 뚜껑이 붙어 있기 때문에 거꾸로 들어도 내용물이 떨어지지 않는다. 게다가 하드커버라서 대량의 서류나 메모, 티켓 등을 한꺼번에 가지고 다닐 때도 도움이 된다.

뒷면에는 종이를 끼울 수 있는 스토퍼가 있어서 클립보드처럼 사용할 수 있다. 전철 안에서 자료를 읽거나 종이에 아이디어를 적을 때 편리하다.

[4] 점선칼

[5] 투명 파일케이스

[6] 디지털 카메라 사진을 30초면 붙일 수 있는 '폴라로이드 TWO'

명함 크기의 사진을 그 자리에서 인쇄할 수 있는 '프린터가 달린 디지털 카메라'다. 이 카메라는 라이프 로그 노트 작성을 즐겁게 계속하는 데 강력한 무기가 된다.

출력되는 사진을 곧바로 라이프 로그 노트에 붙일 수 있으며, 다른 카메라의 휴대용 프린터로도 쓸 수 있어서, 휴대폰이나 디지털 카메라로 촬영한 사진을 즉시 출력해 노트에 붙이고 싶을 때 요긴하게 쓸 수 있다.

나는 종종 이 카메라의 메모리카드 슬롯에 다른 고성능 디지털 카메라에서 사용하는 SD 카드를 넣어서 사진을 출력한다. 그렇게 하면 접사 촬영 등에 취약한 '폴라로이드 TWO' 카메라의 단점을 충분히 보완할 수 있다.

아이나 애완동물, 회의 모습 등을 촬영해 노트에 사진을 붙여 놓으면 그때의 '분위기'를 더욱 생생하게 남길 수 있다. 또 명함과 함께 둘이 찍은 사진을 붙여 놓으면 얼굴과 이름을 기억하는 데도 도움이 된다.

[6] 폴라로이드 TWO

[7] 여러 가지 용도로 사용할 수 있는 '포스트잇 슈퍼 스티키'

벽이나 전화 등에 반복해서 붙이고 '뗄 수 있는 점착제'가 발라져 있는 포스트잇이다. 이 포스트잇은, 먼저 메모지로 사용할 수 있다. 절대로 잊어서는 안 될 메모를 표지에 붙여 놓으면 아무리 바빠도 확실히 눈에 들어올 것이다.

두 번째 방법은 셀로판테이프 대신 사용하는 것이다. 메모지에 적은 행동 기록을 노트에 붙여 놓을 수도 있고, 종이를 손상시키지 않고 다시 떼어서 자유롭게 위치를 바꿀 수도 있다.

[8] 노트를 서류 파일로 바꾸는 '고무 자석'

라이프 로그 노트를 사용하다 보면 나중에 붙일 자료나 안내 소책자, 영화 티켓 등 노트에 끼워 놓고 싶은 것이 많이 생긴다. 그러나 그저 끼워 놓기만 하면 쉽게 떨어지며, 그렇다고 해서 더블클립으로 끼워 놓으면 펼치기가 귀찮아진다. 그래서 나는 얇은 고무 자석을 테이프로 붙여 놓고 사용한다.

셀로판테이프 등을 사용해 표지 위와 첫 번째 페이지에 자석을 붙여 놓는다. 그러면 페이지와 표지 사이에 끼워 놓은 종이를 고정시켜 준다. 노트를 흔들거나 떨어트린 정도로는 끼워 놓은 종이가 잘 빠지지 않아, 클립으로 고정시키는 것보다 안심하고 노트를 가지고 다닐 수 있다.

[7] 포스트잇 슈퍼 스티키

[8] 고무 자석 / 자석 시트

〈사용례〉

[9] 노트에 끈을 매달 수 있게 해 주는 강력한 '1공 드릴식 펀치'

두꺼운 노트나 메모장에도 깔끔하게 구멍을 뚫을 수 있다. 노트를 떨어트리거나 잃어버릴까봐 걱정인 사람은 노트의 모서리에 펀치로 구멍을 뚫어 놓아도 좋을 것이다. 그 구멍에 스트랩을 달아서 손목에 걸면 서서 메모를 해도 떨어뜨릴 염려가 없다. 구멍을 이용해 노트에 갈피끈을 달거나 펜을 묶어 놓을 수도 있다.

[10] 자신의 노트임을 나타내는 '마스킹 테이프'

노트의 표지에는 마음에 든 사진 등을 붙여 놓는 것이 가장 좋지만, 적당한 사진을 찾지 못하겠다면 여러 가지 마스킹 테이프를 사용해 보기 바란다. 붙였다가 깨끗하게 떼어낼 수 있기 때문에 부담 없이 노트를 꾸밀 수 있다.

그 밖에도 너덜너덜해진 표지를 보강하거나 포스트잇처럼 특정 페이지를 펼치기 쉽게 해 놓을 때도 편리하다. 하나쯤 가지고 있으면 노트 꾸미기의 폭이 넓어진다.

[9] 1공 드릴식 펀치

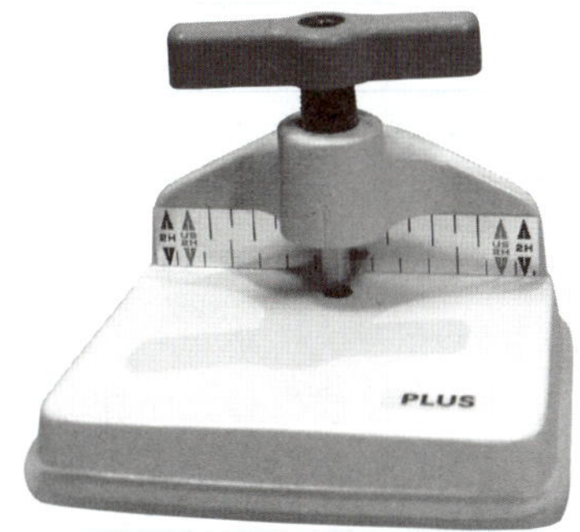

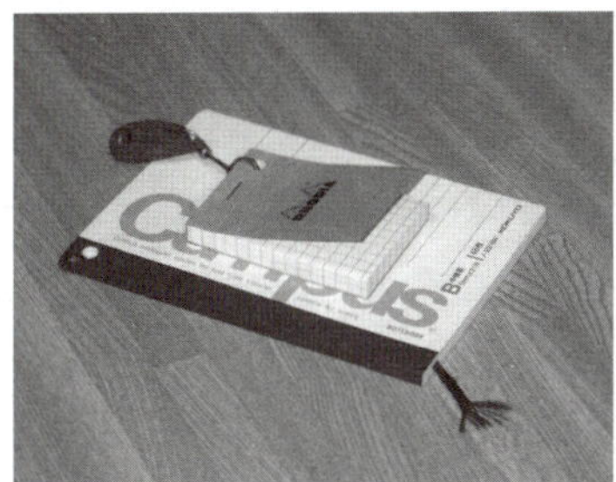

〈사용례〉

[10] 마스킹 테이프

〈사용례〉

[11] 노트 커버에 사진을 붙일 때 활용하면 좋은 '투명 시트'

노트 표지에 사진이나 입장권 등을 붙여 놓으면 노트 한 권 한 권마다 '개성'이 생긴다. 그러면 '스페인 여행 기록이 적혀 있는 노트에는 분명히 산고양이 사진이 붙어 있었지?'와 같이 떠올리기 쉬워진다.

그런데 시간이 지나거나, 가방에 넣었다 꺼낼 때 어딘가에 걸려 사진이 떨어질 수 있다. 이를 방지하기 위해 넓은 셀로판테이프 같은 투명 시트나 커버 필름으로 사진을 덮으면 오래 깨끗하게 보관할 수 있다.

또 평소에는 표지에 풀로 사진이나 잡지 사진 등을 붙이고, 더 붙일 것이 없다고 판단되면 떨어지지 않도록 도서관의 책처럼 표지 전체를 시트로 감싸는 방법도 있다.

[11] 투명 시트

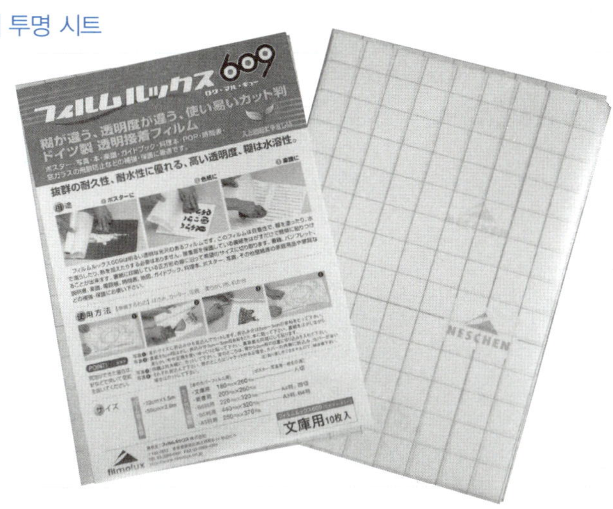

커버 필름

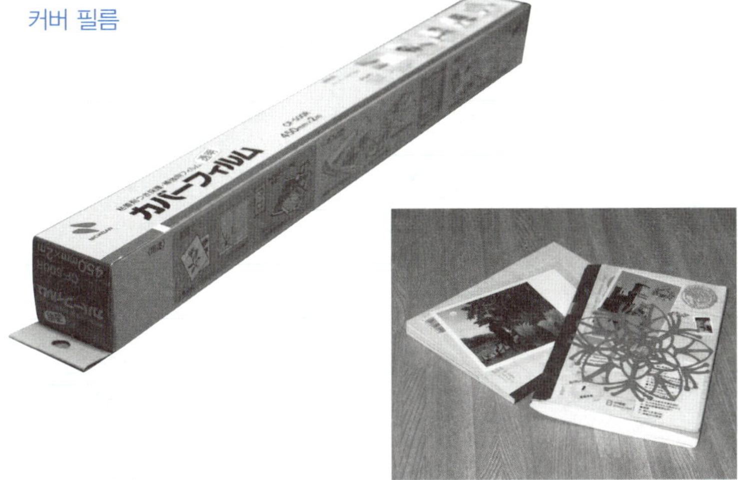

〈사용례〉

[12] 어디에나 들고 다니기 위한 '초소형 메모장'

혼잡한 전철 안이나 걸어서 이동할 때 등 노트를 펼칠 수 없을 때는 일단 메모장에 행동 기록을 적어 놓는다. A8 크기의 메모장은 아주 작기 때문에 바지 주머니나 웃옷에 넣어도 거의 신경이 쓰이지 않는다.

명함보다 작은 크기라 생각을 정리해 쓰기에는 맞지 않지만 행동 기록을 하기에는 충분하다. 외출하거나 바쁠 때 조금씩 적었다가 여유가 될 때 테이프나 풀로 노트에 붙여 놓으면 손쉽게 노트 정리를 할 수 있다. 1공 펀치로 구멍을 뚫어서 스트랩 등을 달아 놓는 것도 추천한다.

[13] 언제라도 괘선을 사용하기 위한 '모눈 노트'

갑자기 그림이나 일러스트를 그리고 싶어질 때를 위해 나는 항상 모눈이 그려진 노트를 가지고 다닌다. 가로선만 있으면 도형이나 그림을 잘 그리기 힘들지만 모눈이라면 걱정 없다. 일단 모눈 노트에 그렸다가 나중에 라이프 로그 노트에 붙이면 정보를 일원화해서 관리할 수 있다.

[12] 초소형 메모장

[13] 모눈 노트

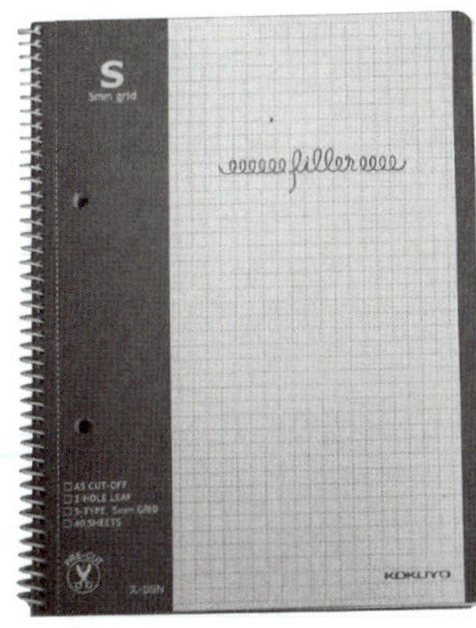

'다시 읽기'를 돕는 도구

[14] 매일 밤 노트를 다시 읽을 수 있게 해 주는 '독서등'

밤에 잠들기 전에 여행 중의 행동 기록을 다시 읽어 보는 것은 우아한 일이다. 그런데 집에서는 방에 가족이 함께 자기 때문에 전등을 켜기가 힘들다. 그래서 주위에 빛이 새어 나가지 않는 LED 독서등이 큰 활약을 한다.

[15] 책상이 없어도 소파나 바닥에 앉아 글씨를 쓸 수 있는 '랩 데스크'

노트에 기록할 때의 문제는 받침대가 필요하다는 점이다. 이때 활약하는 것이 '랩 데스크'라는 '받침대'다. '랩 데스크'는 윗면은 판이고 아랫면은 쿠션으로 되어 있어 무릎 위에서 올려놓고 사용하는 책상으로, 소파에 앉아 있을 때나 바닥에 앉아서 사용한다.

하나 준비해 두면 텔레비전을 보면서도 쾌적하게 행동 기록 등을 메모할 수 있으며, 노트북 컴퓨터를 올려놓고 간단한 작업도 할 수 있다.

[14] 독서등

[15] 랩 데스크

[16] 누워서도 마킹을 할 수 있는 '종이말이 색연필'

마킹은 기계적인 작업이 되기 쉽기 때문에 최대한 쾌적하게 체크할 수 있는 펜을 사용하는 것이 중요하다고 생각한다.

종이말이 색연필은 연필깎이가 필요없이 실을 잡아당겨 심을 감싸고 있는 종이를 벗겨내 사용하는 색연필인데, 색의 종류도 많고 펜 끝도 마르지 않아 집안에 두고 사용하기에 최적이다.

나는 식탁과 거실, 잠자리 등 여기저기에 노란색과 황록색, 핑크색 종이말이 색연필을 준비해 두고 있다. 누운 상태에서도 글씨를 쓸 수 있으며, 잉크식이 아니기 때문에 옷이나 이불을 더럽힐 걱정을 하지 않아도 된다.

[17] 형광펜

나는 가방에 반드시 형광펜을 한 자루는 넣어 둔다. 색은 노란색이나 황록색, 오렌지색, 핑크 정도를 추천한다.

외출했을 때는 전철 안에서 노트를 다시 읽거나 서류 확인, 독서 등을 하는데, 언제나 형광펜이 활약한다.

[16] 종이말이 색연필

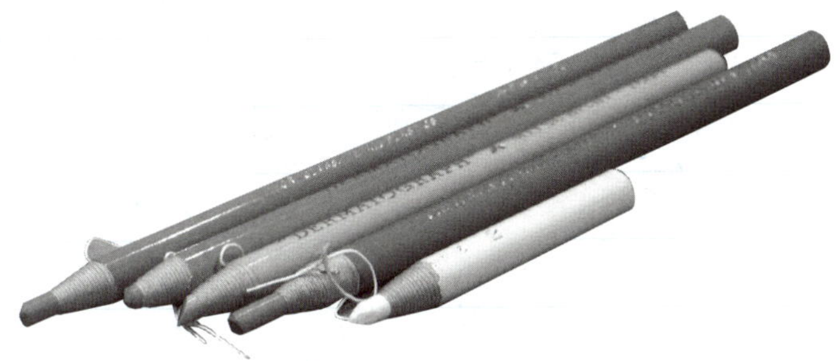

[17] 형광펜

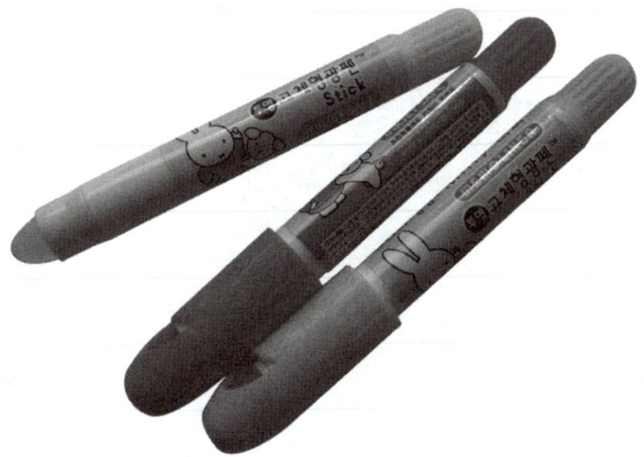

[18] 최강의 체크용 펜 '포스트잇 플래그 펜'

형광펜과 포스트잇 플래그, 볼펜이 일체화된 필기도구다. 필기도구를 잃어버렸을 때나 형광펜의 잉크가 다 떨어졌을 때, 포스트잇이 한 장도 남지 않았을 때를 대비해 이것을 항상 가방 속에 넣어 두면 좋을 것이다.

[19] 대충 체크할 때 사용하는 '텍스트 서퍼'

작업이 지겨워질 때를 생각하면 마킹 도구를 다양하게 갖춰 두는 편이 좋다. 그런 점에서 생각하면 조금 특이한 마커를 준비해 놓는 것도 결코 낭비는 아니다.

이 '텍스트 서퍼'는 크레용 같은 겔 타입의 잉크를 종이에 바르는 방식의 필기도구다. 굵은 선밖에 그을 수 없기 때문에 좁은 범위에서 일부를 강조하는 용도로는 적합하지 않다. 그러나 형광펜처럼 펜 끝이 마르지 않으며 만년필로 쓴 글자를 마킹해도 잉크가 번지지 않는 등 형광펜에는 없는 장점도 있다.

[18] 포스트잇 플래그 펜

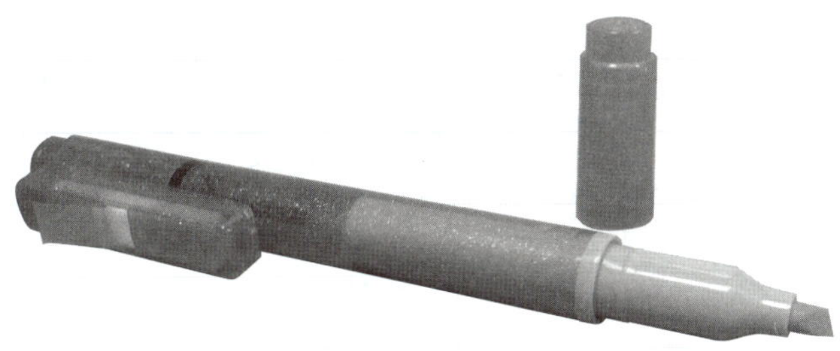

[19] 텍스트 서퍼

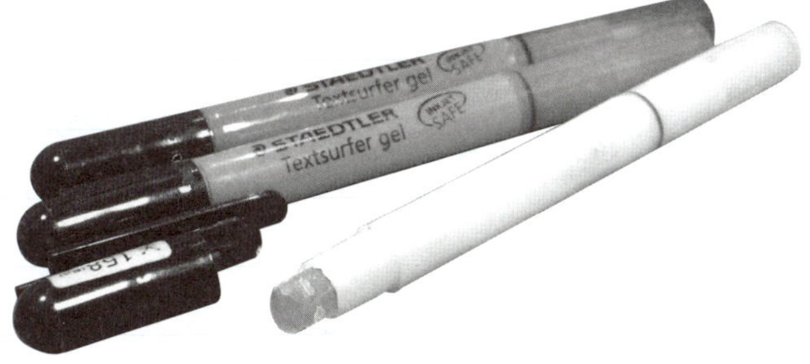

[20] 중요한 부분을 표시할 때 사용하는 '포스트잇 플래그'

마킹을 하면서 좋은 아이디어나 나중에 다시 참조할 중요한 기록 등을 발견하면 나는 이 필름식 포스트잇을 붙여 놓는다.

라이프 로그 노트는 항상 가지고 다니며 전철 안이나 이불 속 등 장소를 가리지 않고 사용하는 탓에 종이로 된 포스트잇은 잘 찢어지기 때문이다.

휴대할 때는 커다란 종이 포스트잇에 10장 정도를 붙여서 노트 표지 뒷면에 붙여 놓는 것을 추천한다. 이렇게 해 두면 노트를 새 것으로 바꿀 때도 옮겨 붙이기만 하면 된다.

중요한 부분을 나타내는 데 사용하는 화살표 플래그도 있으면 편리하게 사용할 수 있다.

[21] '포스트잇 인덱스 탭'

앞에서 소개한 플래그보다 훨씬 탄력이 있는 인덱스용 포스트잇이다. 꺾임에 강한 필름을 사용했기 때문에 가방 속에 노트를 쑤셔 넣어도 꺾여서 보이지 않게 되는 일이 거의 없다. 가장 중요한 페이지를 마킹할 때 사용하자.

[20] 포스트잇 플래그

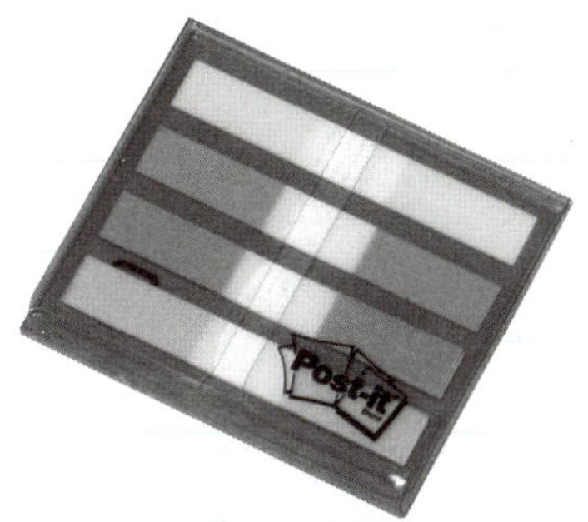

화살표 모양의 포스트잇 플래그

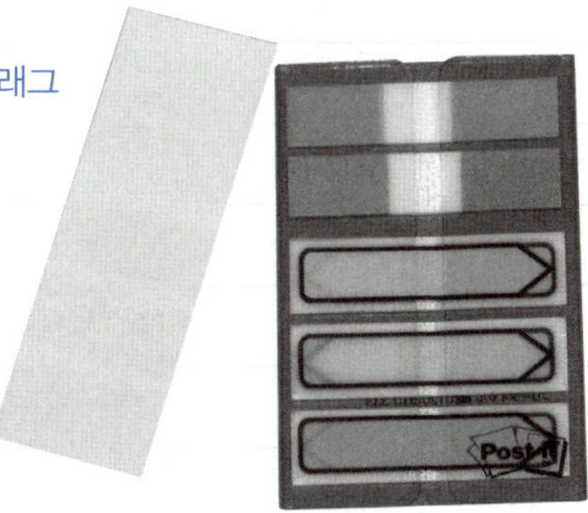

[21] 포스트잇 인덱스 탭

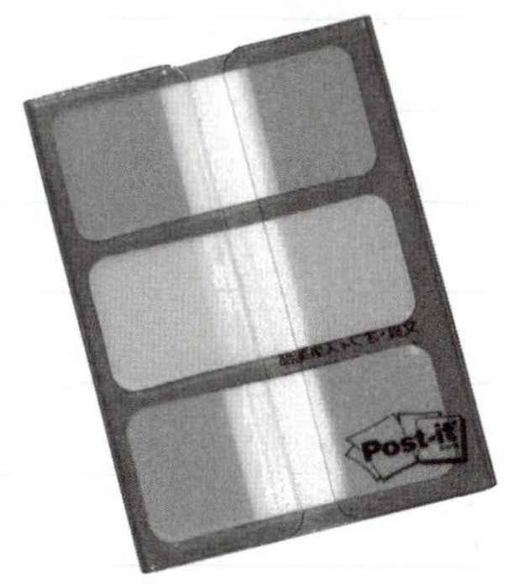

[22] 표식이나 암호로 사용할 수 있는 '표식 스티커'

사무실에서 사용하는 것 같은 동그란 스티커나 수첩용으로 파는 표식용 스티커도 라이프 로그 노트의 사용을 즐겁게 계속하기 위한 유용한 도구다. 아이디어를 적은 곳에는 빨간색 스티커를 붙여 놓고, 책의 감상을 적은 곳에는 녹색 스티커를 붙여 놓는 등 표시용으로 사용하면 나중에 노트를 다시 읽을 때 머릿속에서 정리하기 편할 것이다.

이러한 방법은 마킹용이지만, 행동 기록을 할 때도 스티커를 이용할 수 있을 것이다.

비밀로 하고 싶은 내용을 기록하는 '암호'로 사용하면 만에 하나 다른 사람이 노트를 보더라도 안심할 수 있다. 비밀 트레이닝을 했을 때는 라이프 로그 노트에 파란색 스티커를 붙이고 좋아하는 사람을 만났을 때는 핑크색 스티커를 붙이는 등 자신만 알 수 있는 암호로 사용해 보는 것도 재미있을 것이다.

[22] 여러 가지 표식 스티커

〈사용례〉

〈사용례〉

후 기

'되돌아갈 수 없는 여행'의 파트너

예전부터 '라이프 로그'라는 주제에 흥미가 있기는 했지만 좀처럼 쓰려는 마음이 생기지 않았다. 업무상 하는 정보 정리나 활용과 달리 너무 개인적인 내용이라 조금 부끄러웠다는 것이 솔직한 심정이다.

그러다 이 기획이 시작되면서 내가 왜 오랫동안 꾸준히 노트에 이것저것 적고 다시 읽고 있는지, 여기에 어떤 의미가 있는지, 또 내게 라이프 로그 노트란 무엇인지를 다시 한 번 곰곰이 생각해 보았다. 그러자 라이프 로그에 대한 생각이 많이 달라졌다. 비즈니스의 관점이 아니라 한 사람의 생활자인 내가 개인적인 시점에서 쓰기 때문에 더더욱 독자에게 참고가 되지 않을까?

이 사실을 깨닫자 마치 짙게 끼어 있던 안개가 걷히는 듯한 기분이 되어 집필 작업이 즐거워졌다.

라이프 로그 노트란 무엇일까?

원고를 다 쓴 지금도 나는 아직 그 해답을 찾고 있다.

그것은 이루고 싶은 자신의 모습을 향해 조금씩이라도 전진하기 위한 실마리이기도 하고, 평소의 식사나 일상적인 대화, 별생각 없이 읽는 책, 하루하루 처리하는 업무 같은 것, 즉 인생의 모든 것을 소중히 여기는 행위이기도 하다.

게다가 마음속 어딘가에 '자신이 살아온 발자취'를 남기고 싶다는 생각도 있는지 모른다.

노트를 적고 있노라면 이따금 오늘이라는 날, 지금 이 순간이 두 번 다시 오지 않는다는 사실을 떠올리고 가슴이 메는 듯한 기분이 든다.

생각해 보면 엊그제까지만 해도 학생이었던 것 같은데 벌써 한 아이의 아빠가 되었다. 아이는 기어 다니게 되고, 걷게 되고, 말을 하게 되는 등 말 그대로 하루가 다르게 성장한다. 한 달 전만 해도 바닥을 기어다니던 갓난아이는 이제 없다.

우리는 분명히 어떤 한 방향을 향해 되돌아갈 수 없는 여행을 하고 있는 것이리라.

여행이라면 이동 중에 잠을 자기보다 차창을 통해 바깥 풍경을 바라보려 할 것이다.

여행이라면 우연히 만난 사람과 좀 더 좋은 관계를 쌓으려고 노력할 것이다.

그리고 여행이라면 길에서 주운 돌멩이도 소중한 보물이 된다.

라이프 로그 노트는 그런 여행으로서의 '일상'의 소중함을 맛보고 미래에 활용하기 위한 파트너인지도 모른다.

2010년 11월 오쿠노 노부유키

지금, 인생을
라이팅하라

초판 1쇄 발행	2011년 9월 30일
초판 2쇄 발행	2012년 2월 1일
글	오쿠노 노부유키
옮김	김정환
펴낸곳	북스마니아
펴낸이	임지호
디자인	남상원
주소	서울시 마포구 서교동 353-1 서교타워 1501호
팩스	02-6378-8700
출판등록	2009년 10월 23일 등록번호 105-18-65598
ISBN	978-89-964106-9-0 13300